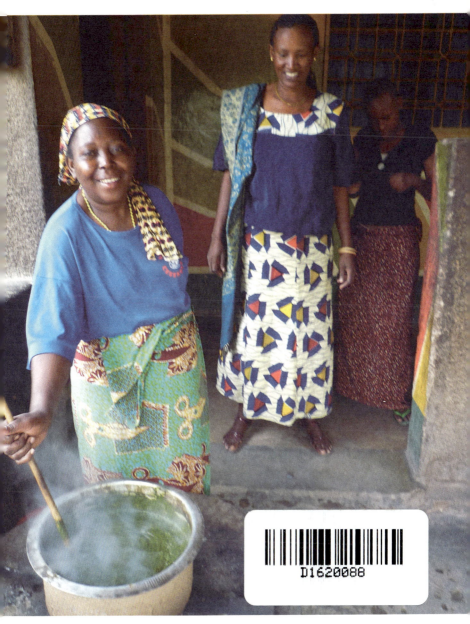

D1620088

Mama Zawadi kocht «mlenda» zum Mittagessen für die Kinder im Waisenhaus in Dodoma. «Mlenda» ist ein schmackhafter, Fäden ziehender Wild-
gemüsebrei. Dazu wird es «ugali» geben, den fest gekochten weissen Maisbrei, den Kinder und Erwachsene mit der Hand geschickt zu Kugeln mit
einer Vertiefung formen, die sie in den Gemüsebrei tunken und essen. Was
bei ungeübten Weissen oft eher unappetitlich aussieht, gelingt den Einheimischen mit grosser Fingerfertigkeit.

Es ist Pause im Kindergarten des Waisenhauses «Kituo cha Shukurani» in Dodoma. Kinder aus dem Quartier lernen zusammen mit den Waisenhauskindern, die noch nicht zur Schule gehen, das Alphabet und die Zahlen. Sie singen Lieder und machen Spiele. Während der Unterrichtszeit hält die Kindergärtnerin strenge Disziplin, in der Pause toben die Kinder in ihren roten Uniformen im Hof herum.

Happy verkauft Cashewnüsse, Seife, Zahnpasta, Batterien, Streichhölzer, Kerzen, portionierte Waschmittelsäckchen und anderes für den Alltagsgebrauch. Frühmorgens backt sie im Öl goldbraune «mandazi», süsse Küchlein, die weggehen wie heisse Brötchen. Sie bedient die Kundschaft durchs Fenster. Den kleinen Laden hat ihr Mann James Lusinde mit wenig sauer erspartem Geld eingerichtet. Mit einer dünnen Wand hat er in seinem

Häuschen auf dem Hügel am Stadtrand einen Teil vom Schlafraum abge-
trennt, ein paar Gestelle gebaut und fertig war der Laden. Die Ware kauft
er auf dem Markt ein und bringt sie per Fahrrad zum Weiterverkauf nach
Hause.

Sehr viele Frauen in Tansania ernähren sich und ihre Kinder allein, weil die Männer sie im Stich lassen oder ihr Elend im Alkohol ertränken. Um zu überleben, arbeiten manche Frauen auch auf dem Bau mit Pickel und Schaufel und schleppen schwere Kübel mit Zement oder Erde – all dies unter der heissen afrikanischen Sonne. In Dodoma werden ein paar weitere Strassen im Zentrum asphaltiert, und so gibt es Arbeit.

An der Endstation für die «daladala», die Kleinbusse, im Zentrum von Dodoma herrscht ständig reger Betrieb. «Daladala» sind ein billiges Transportmittel für den Nahverkehr in ganz Tansania. Die meisten Chauffeure missachten Verkehrsregeln gnadenlos, fahren so schnell, wie es die alten Gebrauchtwagen aus Japan nur irgendwie zulassen, und überladen die Kleinbusse hoffnungslos, um ihren Tagesverdienst zu maximieren. Ab und zu verleiht ein neuer Anstrich den uralten Schrottwagen neuen Glanz.

Elisabeth Kaestli

Aisha, Mussa, Zawadi ...

Lebensgeschichten aus Tansania

Limmat Verlag
Zürich

Verlag und Autorin danken dem Kooperationsbüro Tansania
der Direktion für Entwicklung und Zusammenarbeit (DEZA) für den
grosszügigen finanziellen Beitrag, der die Publikation des Buches
ermöglicht hat.

Im Internet
› Informationen zu Autorinnen und Autoren
› Hinweise auf Veranstaltungen
› Links zu Rezensionen, Podcasts und Fernsehbeiträgen
› Schreiben Sie uns Ihre Meinung zu einem Buch
› Abonnieren Sie unsere Newsletter zu Veranstaltungen
und Neuerscheinungen
www.limmatverlag.ch

Umschlagbild von Jean-Pierre Kaba
Karte von Tansania auf dem Frontispiz: Wikimedia Commons user: Sémhur
Typographie und Umschlaggestaltung von Trix Krebs

© 2011 by Limmat Verlag, Zürich
ISBN 978-3-85791-634-2

Inhalt

Einleitung

«Sollen wir nach Tansania gehen? In Dodoma wird im Herbst eine
Stelle frei», verkündete mein Ehemann an einem Frühlingstag im
Jahr 2006. Natürlich wollte ich. Ich erinnerte mich noch gut an
unsere Reise von 1983, als wir die Produktionsstätte des Ujamaa-
Kaffees in Bukoba am Victoriasee besuchten. Das Land war damals
ökonomisch am Boden, die Ladenregale waren leer, Autos verkehr-
ten mangels Kraftstoff kaum, das sozialistische Experiment unter
Staatspräsident Julius Nyerere war gescheitert. Nun erhielt ich
dreiundzwanzig Jahre später die Möglichkeit, zu erleben, wie sich
Tansania gewandelt hatte. Was ist aus dem Land geworden, das
2011 fünfzig Jahre Unabhängigkeit feiert? Diesmal war es nicht nur
eine Arbeitsreise, die ich begleiten konnte, diesmal kamen wir als
Bewohner auf Zeit ins Zentrum des Landes, in die politische Hauptstadt Dodoma: Mein Mann arbeitete ab Herbst 2006 für die «Rural
Livelihood Development Company», eine von der Direktion für Entwicklung und Zusammenarbeit (DEZA) finanzierte Organisation.

Tansania faszinierte und verwirrte mich als Neuankömmling aus
dem Norden. Die afrikanische Farbenpracht und all das Leben, das
im Freien, in der Öffentlichkeit, stattfindet, ergossen sich wie eine
Wundertüte über mich. Auf Schritt und Tritt begegnete ich neuen,
fremden Bildern und Szenen. Ich war staunende Beobachterin in
einer für mich fremden Welt, ich verstand weder die Sprache, noch
waren mir die Alltagsgewohnheiten der Einheimischen vertraut.
Vier Regenzeiten und drei Trockenzeiten lebte ich in Dodoma und
lernte in kleinen Schritten etwas über dieses Land und die Menschen. Mit der Zeit verstand und sprach ich auch etwas Kiswahili,
genug, um einzukaufen und kleine Alltagsgespräche zu führen.
Dank der englischsprachigen tansanischen Presse konnte ich mich
zudem über Politik, Wirtschaft, Kultur, Unfälle und Verbrechen im
Land informieren. Ich las über AIDS-Kampagnen, den Kampf gegen
Malaria, die Viehseuchen, die Morde an Albinos und an alten Frau-

en, die als Hexen denunziert wurden, über politische Skandale und Korruption, über Strom- und Wasserprobleme, Verkehrsunfälle, verzögerte Strassenbauprojekte, über die katastrophale Hafenbewirtschaftung und vieles mehr.

Ebenso sehr interessierte mich, wie meine Nachbarinnen und Nachbarn ihren Alltag bewältigen, wie sie mit einem Lohn von umgerechnet rund hundert Schweizer Franken leben können und wie das soziale Gefüge in den Grossfamilien funktioniert. Ich wollte erfahren, wie sich das sozialistische Experiment von Nyerere, dem ersten Präsidenten des unabhängigen Staates, konkret im Leben der Menschen ausgewirkt hatte.

Oft fragte ich mich, wie die Menschen in Tansania und überhaupt in Afrika den Spagat zwischen moderner Technologie und einfachstem Leben ohne Strom und Wasser aushalten. Das Plakat einer lokalen Telefongesellschaft zeigte monatelang einen Massai-Hirten im traditionellen, rot karierten Tuch, mit einem Handy am Ohr. Diese Werbung ist für mich ein Sinnbild für die enormen Gegensätze, denen die Leute in diesem Land ausgesetzt sind.

Mit Hilfe einer Übersetzerin begann ich, Leute aus meinem wachsenden Bekanntenkreis über ihr Leben zu befragen. Die Italienerin Giovanna Moretti lebt seit 1998 in Tansania. Sie hat für mich nicht nur sprachliche, sondern oft auch kulturelle Übersetzungshilfe geleistet.

Die Geschichten, die uns erzählt wurden, öffneten mir Türen zu einem besseren Verständnis der Lebensweise in Tansania. Gewiss, mein europäischer Hintergrund setzte dem Verstehen Grenzen, und manchmal gebot mir der Respekt vor der anderen Kultur, nicht weiter nachzuhaken. So sind die wiedergegebenen Geschichten als Mosaiksteine zu verstehen, die ein farbiges und lebendiges, wenn auch nicht abgeschlossenes Bild eines Landes und seiner Menschen zeichnen.

Der Abschied von Tansania im Frühjahr 2010 fiel mir schwer, die Herzlichkeit der Menschen, ihr ansteckendes Lachen, ihre Fähigkeit, mit widrigen Umständen und mit Mangel umzugehen, ihre Zuversicht und ihr Zeit-Haben sind Lebenskünste, die ich vermisse.

Zur Aussprache

Die auf Deutsch als Suaheli bekannte Sprache heisst in Tansania Kiswahili. Alle Sprachen erhalten in Tansania die Vorsilbe «Ki», so heisst es auch Kigogo, Kihehe oder Kijeriumani für Deutsch und Kiingereza für Englisch.

Im Grossen und Ganzen entspricht die Aussprache der Schreibweise, mit ein paar Abweichungen vom Deutschen:
– «ch» wird wie ein «tsch» ausgesprochen, also «chai» als «tschai» für Tee
– «j» wird wie im Englischen als weiches «dsch» ausgesprochen, zum Beispiel «James»
– «sh» ist ebenfalls in Anlehnung an das Englische ein deutsches «sch», zum Beispiel in «shule», was tatsächlich «Schule» heisst
– «z» wird als stimmhaftes «s» ausgesprochen, «Zainabu» klingt somit wie «Sainabu».

Herbst 2010, Elisabeth Kaestli

Aisha Mohamed Ali

Geboren 1956 in Kondoa, Region Dodoma

«Das Wasser mussten
wir gut drei Kilometer weit
weg holen»

Barfuss geht Aisha lautlos durch die Räume des grossen Hauses. Sie macht die Betten, spült Geschirr, kocht, hängt Wäsche auf und bügelt grosse Haufen von Hemden, Blusen und Hosen. Mein Mann und ich sind eben in Dodoma angekommen und zu Gast bei italienischen Bekannten, da wir noch keine eigene Unterkunft haben. Am Morgen nach der Ankunft schaue ich fasziniert zu, wie Aisha, die Hausangestellte, mit elegantem Schwung das Moskitonetz um ihren schlanken Arm windet und geschickt einen Knoten macht, sodass es tagsüber ordentlich zusammengebunden über dem Bett hängt. Gegen vier Uhr nachmittags geht sie sich im Wächterhäuschen waschen, schlingt ein buntes Baumwolltuch, ein «kitenge», um die Hüfte und eines um den Kopf und radelt mit ihrem blauen Fahrrad heimwärts, ans andere Ende der Stadt.

Drei Wochen nach unserer Ankunft in Dodoma mieten wir ein eigenes Haus, und Aisha Mohamed Ali fragt uns, ob wir ihre Tochter Zainabu als Haushaltshilfe anstellen. Ich schaue sie ungläubig an und sage lachend, wir möchten eine erwachsene Frau, kein Kind als Hilfe. Es stellt sich heraus, dass die besagte Tochter neunundzwanzig Jahre alt ist und Aisha bei weitem nicht so jung, wie ich sie geschätzt habe, sondern vor Kurzem fünfzig geworden ist. Zainabu, die bald in unserem Haushalt wirken wird, ist die dritte ihrer sechs Töchter. Ausserdem möchte uns Aisha den grossen Kühlschrank verkaufen, den sie ihren früheren Arbeitgebern abkaufte. Wir fahren gemeinsam zu ihrem Haus, sie wohnt in Chang'ombe, einem Armenviertel von Dodoma, mit buckligen Natursträsschen und verschlungenen Wegen, wo ich mich kaum orientieren kann.

Aisha lebt mit einer wechselnden Anzahl von Kindern und Enkelkindern in einem Backsteinhäuschen ohne Wasser, aber mit

Strom. Die Fenster sind mit einem Gitter versehen und ohne Glas. Von der Haustür tritt man in einen Korridor, der zum kleinen Wohnzimmer hin offen ist. Dieses ist mit zwei einfachen Sofas und einem Beistelltischen karg möbliert. Am Boden im Korridor kocht die dreizehnjährige Enkelin Mariam auf einem Holzkohlenöfchen das Mittagessen. Ausser dem Wohnzimmer gibt es zwei Schlafräume und einen Vorratsraum, dort steht unbenutzt der Kühlschrank. Er konsumiert zu viel Strom, Aisha möchte einen kleineren. Weil aber das Türchen am Kühlfach fehlt, wird nichts aus dem Handel, denn Ersatzteile lassen sich in Tansania kaum beschaffen.

Das kleine Haus gehört Aisha, sie hat es sich mit Unterstützung eines früheren Arbeitgebers bauen können. Schon sehr jung musste sie allein für sich und die Kinder sorgen. Sowohl der erste wie der zweite Mann waren keine tauglichen Ernährer. Es erging ihr diesbezüglich ähnlich wie ihrer Mutter.

Aisha wurde in Kondoa geboren, einer Kleinstadt, hundertsechzig Kilometer nördlich von Dodoma. Sie kam im Spital zur Welt, was für die damalige Zeit eher aussergewöhnlich war. «Mein Grossvater arbeitete als Pfleger im Spital, dies war wohl der Grund.»

Aisha war noch klein, als ihre Mutter wegzog, weil der Vater eine zweite Frau heiratete und sie sich mit ihr nicht verstand. Die Tochter musste beim Vater und der Stiefmutter bleiben, während die Mutter das Brüderchen Hussein mitnahm. Aisha fasst diese für sie schwierige Zeit mit wenigen Worten zusammen: «Ich erinnere mich nicht gut an diese Zeit. Später brachte mich mein Vater zu einer seiner Tanten in einem anderen Dorf. Als ich zehnjährig war, holte er mich zurück und schrieb mich in Kingale, wo die Stiefmutter wohnte, in die Schule ein. Mein Vater war oft unterwegs. Er war Bauer, er hatte Mais, Hirse- und Rizinusfelder, damals wurde in der Gegend noch viel Rizinus angepflanzt und von der Regierung aufgekauft. Vaters Leidenschaft war aber das Fischen. Der Fluss Bubu in der Nähe von Kondoa führt fast das ganze Jahr Wasser, dort ging er fischen. Ich erinnere mich, dass er extra nach Tanga reiste, um Fischernetze zu kaufen. Dies ist eine lange Reise, mindestens zwölf Stunden mit dem Autobus. Einen Teil der gefangenen Fische verkaufte er jeweils, der Rest wurde in der Familie gegessen.»

Auf die Frage, ob es ihr bei der zweiten Frau ihres Vaters gut gegangen sei, lacht Aisha verlegen. «Ich danke ihr, dass sie mich aufgezogen hat. Aber ich musste viel arbeiten, Wasser holen, waschen, putzen und beim Kochen helfen. Wenn mein Vater unterwegs war, befahl sie mir, zu Hause zu bleiben und zu arbeiten, anstatt zur Schule zu gehen. Mein Vater fand eines Tages einen Brief vom Schulleiter, der schrieb, ich hätte die Schule geschwänzt. Vater brachte mich in die Schule zurück, wo ich vom Lehrer geschlagen wurde, obwohl es nicht mein Fehler war, dass ich gefehlt hatte. Als ich etwas grösser war, ich glaube, es war im zweiten Schuljahr, und mich die Stiefmutter wieder zu Hause behalten wollte, lief ich weg und ging zu meiner Mutter – ich kannte den Weg zu ihrem Dorf. Sie setzte bei meinem Vater durch, dass ich bei ihr wohnen und in Kondoa zur Schule gehen durfte, das war nicht weit weg von Bicha, wo sie lebte. Er war nicht zufrieden, er weinte und klagte, dass er nun ohne Tochter auskommen müsse, aber ich wollte bei der Mutter bleiben.» Der Vater hatte von einer ersten Frau einen Sohn, später hatte er mit Aishas Mutter einen zweiten Sohn, der jedoch als Kleinkind starb, danach kamen Aisha und Hussein. Mit der dritten Frau hatte er keine Kinder.

Aishas Mutter hatte auch wieder geheiratet und brachte weitere sieben Kinder zur Welt von drei aufeinanderfolgenden Männern, mit denen sie je nur kurze Zeit zusammenlebte. Von ihren insgesamt zehn Kindern starben fünf früh. Rund drei Jahre, bis sie vierzehnjährig war, lebte Aisha zusammen mit dem jüngeren Bruder Hussein und drei Halbgeschwistern bei der Mutter. Die Mittel waren knapp, und so musste Aisha die Primarschule schon nach der vierten Klasse verlassen. «Ich wäre sehr gerne länger zur Schule gegangen, ich war eine gute Schülerin, aber Mama hatte kein Geld, und Papa meinte, wenn ich bei der Mutter lebe, bezahle er kein

Schulgeld für mich. So kam ich mit dreizehn aus der Schule und half meiner Mutter auf dem Feld und im Haushalt. Als ich vierzehn war, holte mich mein Vater wieder zu sich. Mit fünfzehn heiratete ich. Mein Vater wählte Juma Ali als Ehemann für mich, und ich war einverstanden. Er hätte mich nicht gezwungen, wenn ich abgelehnt hätte, aber da ich nicht gerne im Haus mit meiner Stiefmutter lebte, schien mir die Heirat eine Befreiung.»

Juma Ali war vierzehn Jahre älter als Aisha und arbeitete auf der Gemeinde. Es war die Zeit unter Staatspräsident Julius Nyerere, als die sozialistischen Dorfgemeinschaften, die Ujamaa-Dörfer, aufgebaut wurden. Juma hatte die sieben Jahre Grundschule abgeschlossen und erhielt einen Posten in der Verwaltung. Seine Aufgabe war es, die Menschen, die in das Ujamaa-Dorf umgesiedelt wurden, zu registrieren. «Das Dorf heisst Kidoka, wir waren zusammen mit meinem Vater dorthin gezogen, weil es am früheren Wohnort grosse Überschwemmungen gegeben hatte. Als die Registrierung abgeschlossen war, verlor Juma seine Stelle, und wir zogen nach Mailanje, wo wir Landwirtschaft betrieben. Wir bewohnten ein Haus aus getrockneten Ziegelsteinen mit einem Grasdach. Wir hatten drei Schlafzimmer, ein Wohnzimmer und im Hof die Küche und die Latrine, wir hatten viel Platz. Strom gab es keinen, und das Wasser mussten wir gut drei Kilometer weit weg holen.»

Mit sechzehn gebar Aisha die erste Tochter, Zuhura. Als sich die Wehen am Morgen ankündigten, suchte die Familie nach einem Transportmittel, um sie nach Kondoa ins Spital zu bringen. Doch das Kind hatte es eilig, um ein Uhr mittags kam es mit Hilfe einer Hebamme zu Hause zur Welt. Zwei Jahre später, 1974, folgte Amina. Neben dem Haushalt begann Aisha bald einen kleinen Handel mit frittierten «tambi», welche bei Einladungen zum Aperitif geknabbert werden. «Ich hatte längere Zeit überlegt, wie ich ein bisschen Geld verdienen könnte, dann sah ich, dass im Dorfladen Bohnenmehl verkauft wird, das man für die ‹tambi› verwendet, und so sagte ich mir: ‹Weshalb sollte ich sie nicht selbst herstellen können?› Ich kaufte etwas von dem Mehl, nahm eine alte Pfanne und bohrte mit einem Nagel Löcher. Dann rührte ich das Mehl mit Wasser an, drückte es durch die Löcher und frittierte die Teigwürmchen goldgelb. Ich brachte sie in den Laden, wo sie verkauft wurden. Als ich mir damit das erste Geld verdient hatte, kaufte ich mir das richtige Gerät für die Herstellung von ‹tambi›. Ich verdiente nicht viel, aber immerhin konnte ich etwas Gemüse, Öl, Salz und Zucker kaufen.»

Das Familienglück dauerte nicht lange, Juma begann ein Verhältnis mit einer verheirateten Frau, zudem trank er zu viel und ging nicht mehr in die Moschee. «Ich sagte ihm, so könne ich nicht mit ihm leben. Ich zog 1976 nach Dodoma zu meinem Grossvater väterlicherseits. Ich war zwanzig und nahm die zweijährige Amina mit. Das ältere Schwesterchen Zuhura kam zu meiner Schwägerin nach Dar es Salaam. Sie hatte keine Kinder, und als sie uns einmal besuchte, fragte sie mich, ob ich ihr nicht eines der Mädchen geben könnte. Ich willigte ein, und so wuchs Zuhura ein paar Jahre bei ihr auf. Als sie ins Schulalter kam, nahm ich sie wieder zu mir, und sie ging in Dodoma zur Schule.»

In Dodoma verdiente Aisha etwas Geld mit dem Verkauf von Holzkohle und Kartoffeln. Bald lernte sie Pales, ihren zweiten Mann, kennen, mit dem sie noch weitere vier Töchter hatte, Zainabu, Hadija, Saumu und Ashora. Pales arbeitete als Chefwächter bei der anglikanischen Kirche. «Er war Anglikaner, aber als wir uns kennenlernten, meinte er, dies sei kein Problem, er werde zum Islam konvertieren. Doch er hat immer gesagt, ‹morgen, morgen›, und hat es nie getan. Erst als er in Pension ging, wurde er Muslim. Dann haben wir endlich geheiratet, wir haben zu Hause die Zeremonie mit dem ‹shehe›, dem Zuständigen der Moschee, vollzogen. Später liess sich Pales jedoch von seinem Bruder überreden, wieder Anglikaner zu werden. Er verheimlichte es mir, aber ich sah, dass er nicht mehr in die Moschee ging. Zudem betrog er mich mit anderen Frauen, er hat Kinder ausserhalb unserer Ehe. 2004 trennte ich mich von ihm, ich hielt die Situation nicht mehr aus. Auf dem Zivilstandsamt, wo die Heirat registriert war, gaben sie mir ein Zeugnis, das bestätigt, dass ich wieder frei bin.» Da Pales seiner Frau nur ab und zu etwas Mais und Gemüse, aber kein Geld nach Hause gebracht hatte, änderte sich für Aisha finanziell wenig nach der Trennung. Sie hatte die Töchter praktisch allein grossgezogen.

Von 1984 an arbeitete Aisha Mohamed Ali fast ständig im Haushalt von Weissen. «Acht Jahre, nachdem ich nach Dodoma umgezogen war, hatte ich das Glück, den italienischen Arzt Dr. Giuliano kennenzulernen, der hier bei einer italienischen Organisation arbeitete. Ich wohnte damals schon im Quartier Chang'ombe, das nicht sehr weit von der ‹Area C› entfernt ist, wo viele Ausländer leben. So beschloss ich eines Tages, dort Arbeit zu suchen. Ich klopfte als Erstes bei einer Holländerin an. Sie hatte keine Arbeit für mich, aber sie empfahl mich einer Arztfamilie in der Nachbarschaft weiter, deren Haushaltshilfe wegen eines Todesfalles in der Verwandtschaft für ein paar Tage weggefahren war. Ich konnte eine Woche lang bei ihnen arbeiten. Der Zufall wollte es, dass im selben Haus ein Junge arbeitete, der mich kannte. Wenig später kam er bei mir vorbei, um mir zu sagen, es gebe vielleicht Arbeit für mich. Ich war gerade beim Essen und liess alles stehen und liegen, stieg in das Auto ein und liess mich zu Dr. Giuliano fahren, der eine Angestellte suchte. Ich konnte neun Monate lang bei ihm arbeiten, bis er nach Italien zurückkehrte. Sein Nachfolger war Dr. Carlo, und bei ihm fand ich für weitere zwei Jahre Arbeit, bis 1985 meine jüngste Tochter Ashora zur Welt kam. Dr. Carlo brachte mich ins Spital, denn ich merkte, dass etwas nicht in Ordnung war. Das Kind hatte eine falsche Position, sie mussten einen Kaiserschnitt machen, um mich und das Kind zu retten. Im Spital fragten sie mich, wie viele Kinder ich habe. ‹Sechs›, antwortete ich. Ob ich mich unterbinden lassen wolle? Ich sagte ja.»

Nach muslimischem Glauben sind Verhütungsmethoden nur in speziellen Fällen erlaubt. Die Unterbindung war nach der Komplikation bei der sechsten Schwangerschaft eine Erleichterung für Aisha. Ob ihr Mann Bescheid gewusst habe? «Ja», antwortet sie.

Ob er auch eingewilligt habe? Das zweite Ja kommt etwas zögernd, obwohl die Einwilligung des Ehemannes Voraussetzung für eine Unterbindung ist.

Als Dr. Carlo nach Italien zurückging, konnte Aisha sechs Jahre lang bei seinem Nachfolger arbeiten, bei Dr. Antonio. 1993 kehrte auch er nach Italien zurück. Nach seinem Wegzug schickte er ihr ab und zu etwas Geld, und mit seiner Hilfe konnte sie sich ein eigenes Häuschen bauen. Noch ein weiteres Mal fand Aisha eine Stelle bei einem italienischen Arzt, bei Dr. Fulvio. Bevor er nach Italien zurückging, vermittelte er ihr eine neue Arbeit in der Mensa einer Siedlung von Ausländern, die beim Wasserprojekt einer italienischen Mission in Dodoma beschäftigt waren. Vier Jahre arbeitete sie dort, dann wurde das Küchenpersonal reduziert, und sie verlor die Stelle. Sie war ein paar Monate arbeitslos, bis die frühere Chefin von der Mensa sie an eine holländische Familie vermittelte. Anschliessend arbeitete sie noch zweimal bei italienischen Familien.

Zweiundzwanzig Jahre war Aisha im Dienst für Ausländer, bis 2007, danach fand sie keine feste Stelle mehr. Auf die Frage, wie es für sie gewesen sei, für Weisse zu arbeiten, antwortet sie knapp: «Ich habe die Arbeit gerne gemacht, der Lohn erlaubte mir, ein anständiges Leben zu führen und meine Kinder in die Schule zu schicken.» Wo sie gelernt habe, wie ein solcher Haushalt funktioniert, der so ganz anders ist als ihr eigener, frage ich Aisha. Bei ihr zu Hause gibt es keine Fenster zum Putzen, keine Waschmaschine und weder Elektroherd noch Backofen oder elektrisches Bügeleisen. «Als ich meine erste Stelle bei Dr. Giuliano antrat, war ich schon achtundzwanzig und lebte seit Jahren in der Stadt, ich wusste, wie man putzt, wäscht, bügelt und kocht. Und was ich nicht wusste, haben mir meine Arbeitgeber gezeigt. So lernte ich beispielsweise Teigwaren kochen. Ich hatte keine Probleme, die Arbeitgeber behandelten mich gut, ich wurde immer respektiert. Sie haben auch respektiert, dass ich als Muslimin kein Schweinefleisch esse.» Auch die Versorgung ihrer noch kleinen Kinder war für Aisha kein Hindernis bei der Arbeit. «Meine Schwägerin, die Schwester von Pales, schaute zu ihnen. Und später lebte meine Schwester Maimuna in unserem Haushalt, sie besuchte die letzten Schuljahre hier in Dodoma und blieb auch danach noch bei uns, bis sie heiratete. Da meine Arbeitsstellen in der Nähe unserer Wohnung waren, brachten sie mir jeweils das jüngste Kind zum Stillen und nahmen es danach wieder mit nach Hause.»

Jetzt sind alle Töchter erwachsen, aber für Aisha ist das Leben hart geworden, seit sie kein festes Einkommen mehr hat. Jüngere Frauen haben die wenigen Stellen bei den Weissen übernommen, die meisten von ihnen wünschen sich eine Haushaltshilfe, die etwas Englisch spricht. Aisha hat in all den Jahren in italienischen Familien ein paar Brocken Italienisch gelernt, aber Englisch kann sie nicht. Auf ihrem noch immer schönen Gesicht liegt ein Schleier von Traurigkeit. Doch unvermittelt kann sie strahlen und von Herzen lachen, dann vergesse ich, dass sie über fünfzig ist. Aisha hat siebzehn Enkelkinder, sechs davon leben in der näheren und weiteren Nachbarschaft, und sie hütet sie regelmässig. Zwei Enkelinnen leben während der Woche bei ihr. Es ist immer Betrieb im kleinen Haus, das sich mit anderen Häusern um einen Innenhof gruppiert. Im Hof spielen die Kinder, junge und alte Männer vertreiben sich die Zeit mit Schwatzen und Brettspielen, während die jungen Mädchen und Frauen Wasser holen, Wäsche waschen, kochen und putzen.

Wenn Pflanz- oder Erntezeit ist, geht Aisha ins Dorf ihres ersten Mannes Juma, nach Mailanje, um auf dem Feld zu arbeiten. Zwei Jahre, nachdem Aisha sich von Pales getrennt hatte, tauchte Juma wieder bei ihr auf. «Er versprach mir, er trinke nicht mehr und gehe auch nicht mehr mit anderen Frauen, er wolle mich wieder heiraten. Ich überlegte eine Weile und willigte dann ein. So sind wir wieder zusammen. Ich sagte mir, er ist nach wie vor mein erster Ehemann und es ist besser, mit ihm zusammen zu sein, als einen anderen Mann zu heiraten. Er hat wirklich aufgehört, sich zu betrinken, aber er lebt immer noch mit der Frau zusammen, die er nach mir kennengelernt hat, doch jetzt verstehen wir uns. Manchmal ist Juma bei mir – gerade gestern ist er wieder gekommen –, und manchmal bei der anderen Frau in Mailanje. Während der Regenzeit gehe ich auch dorthin und arbeite auf dem Feld.»

Das Feld gehört ihrem Mann. Ausser dem Haus in Dodoma hat Aisha keinen eigenen Besitz. Ob sie sich Sorgen macht, wenn sie an die Zukunft denkt? «Ab und zu mache ich mir Gedanken. Ich weiss nicht, ob ich heute oder morgen sterben werde, vielleicht lebe ich, bis ich eine alte Frau bin. Ich hoffe immer noch, dass Gott mir hilft, eine Arbeit zu finden. Ich möchte mein Haus fertig ausbauen und vielleicht etwas Geld auf die Seite legen. Von den Töchtern kann ich keine Hilfe erwarten, sie haben selbst Kinder und müssen für diese sorgen, nicht für mich, dies ist auch richtig so.» Und die Väter ihrer Töchter? Sie lacht mit einer wegwerfenden Handbewegung: «Sie haben mir nie geholfen, und auch die Töchter haben keine Unterstützung von ihnen erhalten. Als Pales für die anglikanische Kirche arbeitete, erhielt er wie alle Angestellten ein Stück Land geschenkt, um sich ein Haus zu bauen. Ich gab ihm damals Geld für zehn Säcke Zement, aber er hat es in die Tasche gesteckt und das Land verkauft. Aus dem neuen Haus ist nichts geworden.»

Aisha ist darauf angewiesen, dass ihr Mann ihr weiterhin ein Stück Land in Mailanje zum Bearbeiten überlässt. Sollte er vor ihr sterben – er ist immerhin vierzehn Jahre älter als sie –, so hofft sie, dass sie den Acker weiter nutzen darf oder dass ihr sonst jemand ein Stück Boden überlässt. Das Vertrauen in Gott, in Allah, trägt sie in schwierigen Lebenslagen. Auf die Religion vertraute sie bereits bei der Erziehung ihrer Kinder. Sie selbst ging als Kind in die Koranschule, und so auch ihre Töchter. Sie hatte dort den Koran auf Arabisch lesen gelernt, lange bevor sie zur Schule ging. In der Familie sprachen sie Kiswahili. Die Muttersprache ihres Vaters war zwar Kirangi, aber da die Stiefmutter einem anderen

Stamm mit einer anderen Sprache angehörte, sprachen sie zusammen in der Landessprache Kiswahili. Der Vater konnte lesen und schreiben, während Aishas Mutter Analphabetin war.

Schulbildung war neben der Religion das Wichtigste, was Aisha ihren Kindern vermitteln wollte. Sie haben alle die sieben Jahre Primarschule beendet, und die jüngste Tochter Ashura besuchte zusätzlich zwei Jahre die Sekundarschule. «Für uns Muslime ist auch die Koranschule sehr wichtig, dort werden die Kinder in allen wichtigen Lebensfragen unterrichtet. So gibt es beispielsweise eine Art Ritual, wenn die Mädchen zu menstruieren beginnen. Sie müssen sich von Kopf bis Fuss waschen und bestimmte Gebete sagen, um sich zu reinigen. Dann können sie während der Menstruationstage zu Hause bleiben und sich ausruhen.»

Alle Töchter heirateten früh und hatten ihr erstes Kind, bevor sie zwanzig waren. Die jüngste Tochter Ashora konnte mit der Unterstützung von Aishas damaligem Arbeitgeber eine neunmonatige Ausbildung als Köchin machen. Ohne die nötigen Beziehungen und Empfehlungen ist es ihr jedoch bis heute nicht gelungen, eine Stelle zu finden. Sie ist Hausfrau wie Zuhura, Hadija und Saumu. Zainabu, die Drittälteste, lebt allein mit ihren Kindern. Keiner der drei Väter ihrer drei Kinder, von denen das jüngste kaum einjährig starb, blieb lange bei ihr.

Einzig Aishas zweitälteste Tochter, Amina, lernte einen Beruf, den sie auch ausüben konnte. Sie lebte nach dem Schulabschluss bei einer Tante in Dar es Salaam und bildete sich zur Flachmalerin aus. Zurück in Dodoma, fand sie eine Stelle beim Wasserprojekt der italienischen Missionare. Sie starb jedoch mit dreiunddreissig nach kurzer schwerer Krankheit und hinterliess zwei kleine Kinder. «Sie wurde bei der Arbeit plötzlich ohnmächtig und klagte danach über starke Kopfschmerzen. Im Spital gaben sie ihr Medikamente und machten verschiedene Untersuchungen, ohne die Ursache zu finden. Sie erhielt mehrere Bluttransfusionen, aber es nützte nichts. Kurz darauf starb sie.» Aisha kommen die Tränen beim Erzählen, es ist erst gut ein Jahr seither vergangen. Auch ich erinnere mich, wie die Familie damals am Morgen unseren Wächter James für das Einsargen und Transportieren der Toten zu Hilfe rief. Am Nachmittag ging ich mit James zu einem Kondolenzbesuch. Vor dem Haus im Schatten eines Baumes sassen die Männer aus der Verwandtschaft und der Nachbarschaft. Wir wurden zu Aisha, den Töchtern und Nachbarinnen ins Haus geführt. Schweigend sassen die Frauen den Wänden entlang am Boden. Wir setzten uns eine Weile zu ihnen, überreichten der Familie etwas Geld für das Begräbnis, wie es üblich ist, und verabschiedeten uns.

Ab und zu kommt Aisha auf Besuch. Es ist ein weiter, mühsamer Weg mit dem Fahrrad. Meist ist sie in einer finanziellen Notlage, wenn sie kommt. Sie braucht Geld für den Bus nach Kondoa und weiter nach Mailanje, wo sie ihr Feld bestellen will, oder Schulgeld für Enkelkinder, die bei ihr leben, oder es fehlt schlicht das Geld für den täglichen Maisbrei. Wir schwatzen ein wenig, trinken Tee oder Wasser, und irgendwann rückt sie verlegen mit ihrem Anliegen hervor. Einmal bittet sie mich um einen kleinen Kredit. Sie ist es leid, auf eine Anstellung in einem Haushalt zu hoffen, und will wieder backen, wie früher, diesmal «mandazi», ein im Öl gebackenes Süssgebäck, das zum Fruhstückstee geschätzt wird. Der Verkaufserlös ist klein, aber sie ist froh um jeden Schilling, und dass sie nicht länger untätig herumsitzt und sich den Kopf zermartert, wie sie eine Anstellung finden könnte. Ein paar Monate später kommt sie wieder vorbei und erzählt strahlend, dass sie bei einem italienischen Arzt als Haushaltshilfe arbeiten kann. Eine gemeinsame Bekannte hat ihr die Arbeit vermittelt, dreieinhalb Jahre nachdem sie ihre letzte Stelle verlor. Ich spüre förmlich, wie sie aufatmet. Sie weiss nicht, wie lange der Arzt in Dodoma bleiben wird, aber für die nächste Zeit ist sie ihre finanziellen Sorgen los.

Von Dar es Salaam nach Dodoma

Von Dar es Salaam am indischen Ozean ist es eine sechsstündige Autofahrt auf schnurgerader Asphaltstrasse nach Dodoma, der Hauptstadt im Zentrum des Landes. In der wirtschaftlichen Metropole von Tansania pflügen sich die Fahrzeuge mühsam durch den täglichen, nervenaufreibenden Verkehrsstau. Aber sobald Lastwagen, Busse und Privatwagen die letzten bevölkerungsreichen Quartiere von Dar es Salaam hinter sich gelassen haben, fahren sie mit hoher Geschwindigkeit auf der Landstrasse, die von Hunden, Ziegen und Kühen überquert und auch von vielen Menschen benutzt wird, die zu Fuss oder per Velo unterwegs sind. Nur hier und dort bremsen Schwellen und selten Verkehrspolizisten mit Handradargeräten die rasenden Fahrzeuge, von denen manche in Europa längst auf dem Schrottplatz wären. Die Polizei verteilt Bussen, kassiert Schmiergelder, und alles bleibt beim Alten. Übersetzte Geschwindigkeit, untaugliche Fahrzeuge und verantwortungslose Chauffeure fordern überdurchschnittlich viele Verkehrsopfer in Tansania. Auf jeder Fahrt zwischen Dar es Salaam und Dodoma begegnen wir mindestens drei Unfallstellen. Es sind vor allem Autobusse und Lastwagen mit Anhängern, die im Graben neben der Strasse landen. Oft liegt die Ware der gekippten Camions noch verstreut herum: zerschlagene Cola-Fläschchen, zerquetschte Tomaten, Bananen und anderes. In der Presse wird viel über die fehlende Verkehrssicherheit geschrieben, aber die halbherzigen Massnahmen der Regierung beschränken sich auf Appelle an das Verantwortungsgefühl von Chauffeuren und Busunternehmern und auf neue, kaum umsetzbare Vorschriften wie jene, dass Passagiere in Überland- und Kleinbussen Sicherheitsgurten tragen müssen.

Ich bin die Strecke von Dar es Salaam nach Dodoma und umgekehrt viele Male gefahren, im Privatauto oder in einem der uralten Busse, die das wichtigste Verkehrsmittel in Tansania sind, und ich hatte jedes Mal Angst.

Auf der ersten Fahrt nach Dodoma, meinem neuen Wohnort,

jedoch war ich von der Landschaft so fasziniert, dass mich noch keine Ängste vor Verkehrsunfällen plagten. Ein Kollege meines Mannes hatte uns am Flughafen abgeholt, mit einem komfortablen Landcruiser, wie sie Leute von ausländischen Organisationen, tansanische Regierungsfunktionäre, Parlamentsmitglieder und andere wohlhabende Tansanier fahren. Von der Küstenregion, wo Bananenstauden und Kokospalmen wachsen, gelangten wir langsam in trockenere Gebiete. Zwischen den Dörfern aus rotbraunen Lehmhütten gab es auf einem grossen Teil der Strecke Richtung Dodoma noch Gemüsefelder, grüne Weiden und Sisalfelder, deren horizontal abgeschnittene, zähe Blätter wie riesengrosse Schnittlauchbüschel in Reih und Glied auf den Feldern standen.

Auf halbem Weg, in Morogoro, machten wir eine Pause und bestellten «chai na chapati», Tee und Brotfladen. Ab hier war nur noch wenig Verkehr auf der Strasse, viele Fahrzeuge waren bereits in Chalinze nordwärts abgezweigt, Richtung Arusha. Die Landschaft wurde karger und karger, je mehr wir uns Dodoma näherten. Nach sechs Monaten Trockenheit war das Gras Ende September dürr und die Erde staubtrocken. Die Äste der riesigen Baobabbäume ragten blattlos in den Himmel, das Dornengestrüpp der Savanne war braun. Mageres Vieh knabberte an gelben Halmen, bewacht von Hirten in farbigen Tüchern. Die wenig besiedelte Landschaft in gelben, rostroten und braungrauen Farbtönen unter einem endlosen, azurblauen Himmel war so, wie ich mir Afrika vorgestellt hatte und von einer ersten Tansaniareise vor knapp zwanzig Jahren in Erinnerung hatte, eine Landschaft, die Sehnsüchte weckt.

Die Strassendörfer sind lebhafte Marktflecken, alles findet im Freien statt, Velos werden geflickt, Betten geschreinert, Holzkohle in weisse Kunststoffsäcke gefüllt, Poulets gebraten. Daneben picken Hühner im Abfall herum. In kleinen Läden und an ambulanten Ständen wird Essen und Ware aller Art verkauft, vom Radio über die Seife bis zum Büstenhalter. Wer nicht tätig ist, sitzt mit Kollegen unter einem der wenigen Schatten spendenden Bäume und schwatzt oder schaut schweigend dem Treiben rundherum zu.

Vor Gairo, einem kleinen Ort auf einer Anhöhe auf halbem Weg zwischen Morogoro und Dodoma, der in meinen Ohren wie das ägyptische Kairo tönt, mehren sich die kleinen Gemüsemärkte. Frauen sitzen am Boden hinter roten, gelben, blauen und grünen Plastikeimern, in denen ursprünglich Palmöl verkauft wurde, und bieten je nach Saison Tomaten, Kartoffeln, Süsskartoffeln oder trockene Bohnen an. Ein voller Eimer ist nie nur randvoll, sondern immer aufgehäuft, bis keine Bohne und keine Tomate mehr auf der Pyramide liegenbleibt. Auch die Holzkohlensäcke werden so hoch aufgetürmt, dass der Inhalt nur dank einem aus Schnur geflochtenen Netz im Sack bleibt. Das Rätsel dieser wenig praktischen Verkaufsart hat sich für mich nie gelöst. Ist es die Ästhetik oder das sich gegenseitig Überbieten bis zum Geht-nicht-mehr oder sind es, wie uns Einheimische sagen, die Steuern, die pro Sack und Eimer und nicht nach Gewicht zu entrichten sind? Wunderschön sehen sie auf jeden Fall aus, diese Reihen überfüllter Tomateneimer. Jedes Mal, wenn wir die Reise machen, bringen wir unseren Angestellten vom Gemüse mit, das nur kübelweise, dafür günstig zu haben ist. Hält ein Fahrzeug an, stürzt sich eine Traube von schreienden Frauen und jungen Mädchen auf die Passanten, und jede preist ihre Ware als die schönste an. Haben sich die Kaufenden für einen Kessel entschieden, beruhigt sich die Szene. Plastiksäcke werden hervorgeholt, um die Ware abzufüllen und ins Auto zu laden. Natürlich sind die schönsten Stücke zuoberst auf der Pyramide angeordnet, und je mehr sich der Eimer leert, desto kleiner und unförmiger wird die Ware. Doch das Schauspiel und die Freude am Gemüse, das frisch von den Feldern kommt, lassen die Kundschaft zufrieden weiterfahren und bei der nächsten Fahrt wieder anhalten und einkaufen.

Nach der letzten Hügelkette führt die Strasse nach Dodoma hinunter, das sich auf tausendeinhundert Meter über Meer wie ein grosser Fladen über die Ebene ausdehnt, zwischen ein paar Hügeln aus grossen Granitblöcken, die wie Hinkelsteine in der Savannenlandschaft verstreut und aufgeschichtet sind. Silbern glänzen am Stadteingang die Wellblechdächer der Regierungshäuschen in der

Nachmittagssonne. Weil die Absicht besteht, die Regierung von Dar es Salaam nach Dodoma zu verlegen, sind vor Jahren hunderte von gleichen Häusern für die Beamten gebaut worden, die bei unserer Ankunft 2006 mehrheitlich leerstehen. Nur das Parlament tagt in Dodoma, die politische Absichtserklärung von 1974, aus Dodoma die Hauptstadt zu machen, ist bisher weitgehend ohne Wirkung geblieben. Die Einfahrt in die Stadt, die so gar nicht der Vorstellung einer Hauptstadt gerecht wird, führt am architektonisch merkwürdigen Rundbau des Parlamentes vorbei.

An der Kuu-Street, also der «Hauptstrasse», die drei Jahre später Nyerere-Street heissen wird, gibt es einige mehrstöckige Häuser mit kleinen Läden im Erdgeschoss, zwei Banken stehen etwas prominenter da, und rechter Hand erhasche ich einen Blick auf den neu entstehenden Nyerere-Park. Sobald wir von der Hauptstrasse abzweigen, befinden wir uns auf unasphaltierten, staubigen Strassen, die mehrheitlich von ebenerdigen Häuschen flankiert sind. Das Zentrum dieser Stadt, in der über dreihunderttausend Menschen leben, kommt mir ziemlich trostlos und provinziell vor, und ich frage mich, wohin es mich da verschlagen hat. Die Vorteile und Schönheiten dieses Ortes muss ich erst noch entdecken.

Zawadi Richard

Geboren 1972 in Dar es Salaam

«Es ist schwer zu glauben, aber für mich gibt es Angriffe von Dämonen»

Zawadi Richard ist Assistentin an der Saint John's University in Dodoma, einer Universität der Anglikanischen Kirche. Zusammen mit einer gemeinsamen Bekannten, einer neuseeländischen Geografieprofessorin, treffe ich sie an ihrem Arbeitsort. Es ist gerade Vorlesungspause, die Studierenden stehen in Gruppen im Freien und diskutieren. Das Universitätsgelände ist weitläufig, zwischen Vorlesungsgebäuden und Unterkünften für die Studentinnen und Studenten stehen riesige, exotische Bäume, und mitten im Areal ist die schmucklose, weisse Kirche.

Die Infrastruktur der Universitätsgebäude, die früher eine Mittelschule beherbergten, ist rudimentär, doch im Vergleich zu anderen tansanischen Universitäten sei der Standard nicht schlecht, kommentiert Zawadi Richard. Es gibt ein Computerlabor und ein recht gut eingerichtetes chemisches Labor, an dem sie als Naturwissenschafterin ihre Freude hat. Da sie jedoch Didaktik und Pädagogik unterrichtet, nutzt sie es selbst kaum für den Unterricht. Für ihre Vorlesungen und Seminare ist sie mangels Textbüchern und Anschauungsmaterial vor allem auf das Internet angewiesen. Ihre neuseeländische Kollegin zeigt uns, wie sie den Studentinnen und Studenten die tektonischen Verschiebungen der Erdkruste mit Elementen aus Sagex, die sie selbst zugeschnitten und bemalt hat, plastisch vorführt. Auch Bilder und Zeichnungen benutzen die beiden Dozentinnen, um Theorien zu veranschaulichen.

Nach dem Arbeitstag an der Universität geht Zawadi mit dem Laptop unter dem Arm über den Sandpfad durch das angrenzende Dornenbuschland in ihr Quartier Kikuyu East, eine Viertelstunde von der Universität entfernt, wo sie zusammen mit einer entfernten Verwandten ein einfaches Häuschen bewohnt. Sie lebt seit anderthalb Jahren in Dodoma und hat noch nicht viele Bekannte hier. Mit bald vierzig Jahren ist sie als alleinstehende Frau ohne nahe Familienangehörige in Dodoma eher eine Ausnahmeerscheinung, und entsprechend schwierig ist es für sie, hier Freundschaften zu schliessen, obwohl sie kontaktfreudig und aufgeschlossen ist.

Sie hätte gerne eine eigene Familie, aber ob sich der Wunsch noch irgendwann erfüllt, weiss sie nicht. «Nicht verheiratet zu sein, wird bei uns nicht als etwas Normales angesehen, doch ich will nicht einfach irgendjemanden heiraten, um den Status der Verheirateten zu haben. Ich sehe in meinem Umkreis so viele Eheprobleme, und ich glaube, das hat auch damit zu tun, dass viele Frauen ohne Überzeugung heiraten, einfach, um verheiratet zu sein. Wenn ich heirate, muss ich überzeugt sein, dass er der richtige Partner ist für mich, sonst bleibe ich lieber allein.»

In ihrer Freizeit liest Zawadi Bücher und schaut Fernsehfilme. «In Dar es Salam sang ich sehr gern im Kirchenchor, aber hier habe ich noch keinen Chor gefunden. Ich singe ab und zu im anglikanischen Kirchenchor, obschon ich zur lutherischen Kirche gehöre und dort den Gottesdienst besuche. Ich singe sehr gerne und habe auch verschiedentlich Gospelsongs in Kiswahili komponiert. Ich komponiere die Melodie, allerdings ohne Noten zu schreiben, und dichte einen Text dazu. Ich spiele auch gerne Gitarre und Keyboard, aber es bleibt mir zu wenig Zeit dazu. Als kleines Kind konnte ich in Dar es Salaam Gitarrenunterricht nehmen. In der vierten Klasse fanden meine Eltern aber, ich konzentriere mich zu wenig auf die Schule, und so hörte ich auf damit. Um weiterzukommen, bräuchte ich hier jemanden, der mich unterrichtet, aber es ist schwierig, in Dodoma einen Musiklehrer zu finden.»

Ab und zu besucht Zawadi ihre Eltern im fast fünfhundert Kilometer entfernten Dar es Salaam. Dort trifft sie auch ihre Freundinnen und Freunde und unternimmt Ausflüge mit ihnen. «Hier sind die meisten in meinem Alter verheiratet und mit der Familie beschäftigt, in Dar es Salaam gibt es viel mehr Leute, die ähnlich leben wie ich, dort ist es für mich einfacher, Gesellschaft zu haben.»

Zawadi kommt aus einer Mittelstandsfamilie, ihr Vater Richard Juma war ursprünglich Lehrer. Später arbeitete er für die tansanische Regierung und zog mit der bereits siebenköpfigen Familie nach Dar es Salaam um. Dort wurde Zawadi, deren Name «Geschenk» bedeutet, als siebtes von acht Kindern geboren.

«Vaters erste Aufgabe bei der Regierung war das Organisieren der Ujamaa-Dörfer, die unter Nyereres Regierung Ende der 1960er-, Anfang 1970er-Jahre entstanden. Später war er im Ministerium für Kommunikation tätig, er stieg dort bis zum Generalsekretär auf. Mit siebenundfünfzig Jahren trat er 1989 in den Ruhestand. Soviel ich weiss, war er nie Mitglied der Regierungspartei CCM, oder vielleicht hatte er einen Mitgliedsausweis, aber er war nie politisch aktiv, ich glaube, er war nicht wirklich an Politik interessiert.»

Aufgewachsen war Zawadis Vater ebenso wie die Mutter in der Region Tanga, im gebirgigen Lushoto-Bezirk. In der Nähe des Marktortes Mlalo war rund um die lutherische Missionsstation ein ganzes Dorf entstanden, in dem sich viele bekehrte Muslime niederliessen. «Hohenfriedeberg» hatten die Bethelmissionare die 1891 gegründete Missionsstation genannt. Heute heisst der Ort, in dem beide Eltern von Zawadi aufwuchsen, Mlalo Mission.

Richard Juma unterrichtete nach Abschluss seiner Lehrerausbildung bei den Lutheranern in verschiedenen lutherischen Schulen, bevor er in den USA Geschichte studieren und mit einem Master abschliessen konnte. Dann kam er als Schulvorsteher an die anglikanische Mittelschule Saint John's in Dodoma, die Schule, die später in eine Universität umgewandelt wurde und wo heute seine Tochter Dozentin ist. Er war der erste afrikanische Schulvorsteher in dieser anglikanischen Institution.

Zawadis Mutter war erst achtzehn Jahre alt, als sie Richard Juma heiratete. «Für die damaligen Verhältnisse war sie mit achtzehn schon alt zum Heiraten, es gab ein Spottlied für Mädchen, die spät heirateten, viele wurden mit vierzehn, fünfzehn Jahren verheiratet. Bei meinen Eltern war es keine arrangierte Heirat, die beiden entschieden selbst. Meine Mutter war damals gut ausgebildet, sie hatte acht Schuljahre besucht, während die meisten Mädchen maximal vier Jahre oder aber überhaupt nicht zur Schule gingen. Danach konnte sie bei den Lutheranern eine Krankenpflegeausbildung machen. Sie übte den Beruf nicht sehr lange aus, in Dar es Salaam arbeitete sie als Sekretärin in verschiedenen Büros der Regierung. Aber ich erinnere mich, dass sie uns bei Krankheiten pflegen konnte, sie machte uns auch selbst Spritzen, wenn wir Malaria hatten.»

Während Zawadis Vater aus einer christlichen Familie kam, waren die Eltern der Mutter muslimisch. «Schon als Schülerin entschied meine Mutter selbständig, Christin zu werden. Sie war wohl einerseits von der lutherischen Schule beeinflusst und andererseits von einem Onkel väterlicherseits, der konvertiert hatte und bei dem sie eine Zeit lang lebte. Sie erzählte mir, dass es keine einfache Entscheidung gewesen sei, sich taufen zu lassen, ihr Vater sei nicht einverstanden gewesen und habe sich danach während einiger Zeit von ihr abgewendet.»

Zawadi verbrachte ihre Kindheit in einem grosszügigen, ehemaligen Kolonialhaus in Dar es Salaam, das heute von internationalen Organisationen als Bürogebäude genutzt wird. «Wir wohnten mitten in der Stadt, nahe beim ‹State House›, dem Amtssitz des Präsidenten, und ganz in der Nähe des Strandes am Indischen Ozean. Es war eine hübsche Umgebung, ein ruhiger und sicherer Ort. Das Haus ist zweistöckig, wir hatten ein riesiges Wohnzimmer und einen schönen Garten. Meine Mutter hatte immer eine Haushaltshilfe, trotzdem mussten wir zu Hause helfen. Am Samstag mussten wir das Haus und die Umgebung putzen, und wir hatten unsere Schuluniform selbst zu waschen, von der dritten Klasse an wusch ich meine Kleider selber. Ob die Brüder dies auch mussten, erinnere ich mich nicht, sie waren bereits im Internat, als ich zur Schule ging. Mein ältester Bruder ist sechzehn Jahre älter als ich. Ich erinnere mich auch, dass ich oft die Blumen und das Gemüse im Garten goss, das machte ich gerne. Meine Mutter liebte es, Blumen zu pflanzen, und ich und meine Freundin pflanzten ebenfalls allerlei. Wir brachten sogar Blumen von den Ferien bei den Grosseltern in Lushoto zurück und pflanzten sie im Garten. Ich spielte oft mit anderen Kindern, wir waren so viele Gleichaltrige im Quartier. Im Garten des ‹State House› spazierten Pfauen herum, und so sammelten wir manchmal liegengebliebene Pfauenfedern und schmückten damit das Haus.»

Bis in die dritte Klasse nahm Zawadi die Schule nicht allzu ernst, lieber spielte sie mit den Freundinnen. In den grossen Klassen mit rund sechzig Kindern konnte sie unbesehen irgendwie mithalten. Doch bei den Schlussexamen am Ende der dritten Klasse wurde sie nur Vierzigste von hundertzwanzig Kindern, kein rühmliches Resultat für die Lehrertochter, meint sie. «In der vierten Klasse hatte ich dann eine Lehrerin, die mich überzeugte, dass ich fleissiger lernen und mehr lesen sollte. Am Ende des Schuljahres war ich Klassenbeste, es war eine radikale Änderung, und meine Eltern waren sehr erstaunt. Von da an war ich immer sehr gut in der Schule. Deshalb ermutige ich heute Eltern, deren Kind in der Schule oder im Studium zu wenig leistet, die Hoffnung nicht zu verlieren, denn dies kann sich jederzeit ändern. Mein Vater förderte mich stark, er gab mir täglich kleine Aufgaben, fragte mich ab und gab mir Lesestoff. Er war Englischlehrer gewesen und übte viel Englisch mit uns. In der Primarschule war mein Englisch gut, dann konzentrierte ich mich mehr auf die naturwissenschaftlichen Fächer und stagnierte etwas im Englisch. Unsere Eltern machten noch die ganze Schule in Englisch, während zu meiner Zeit in der Grundschule auf Kiswahili unterrichtet wurde, Englisch war nur ein Fach, und erst in der Mittelschule war Englisch Unterrichtssprache.»

Als Zawadi in der fünften Klasse war, gab ihre Mutter die Sekretärinnenstelle bei der Regierung auf. Es war 1985, das Jahr, in dem Nyerere als Präsident zurücktrat. Danach betrieb die Familienmutter, die immer berufstätig gewesen war, hintereinander verschiedene kleine Geschäfte. «Ich erinnere mich, dass sie beispielsweise Hühner züchtete und verkaufte, aber sie handelte auch mit Gemüse und verkaufte selbstgebackene süsse Brötchen, sogenannte ‹scons›. Sie probierte allerlei aus. Ich hatte eine gute Kindheit, meine Eltern hatten genügend Geld, um unser Schulgeld zu bezahlen und alles, was wir brauchten. Sie waren sehr liebe, aber auch strenge Eltern. Meine Mutter hatte ihre Grundsätze, und die galt es einzuhalten. Wir mussten beispielsweise immer früh zu Hause sein, und wenn wir nicht gehorchten, wurde uns der Ausgang gestrichen. Mein Vater griff auch ab und zu zum Stöckchen, als wir kleiner waren. Als unsere Freunde begannen, in die Discos zu gehen, durften wir nicht mit, wir hatten nicht viele Freiheiten. Spielen, zur Kirche gehen, ab und zu ein Familienfest, das war unsere Freizeit.»

An die wirtschaftlich schwierigen Jahre der Nyerere-Regierung erinnert sich Zawadi kaum. Sie litt als Kind keinen Mangel, beide Eltern hatten Arbeit. «Ich weiss beispielsweise, dass es Anfang der 1980er-Jahre schwierig war, einen Fernseher zu kaufen. Aber mein Vater reiste als Regierungsbeamter öfters ins Ausland, und so hatten wir schon früh ein Fernsehgerät. Wenn er nach Europa ging, kam er immer mit Weihnachtsgeschenken zurück, auch wenn es nicht die entsprechende Jahreszeit war. Die Geschenke wurden im Schrank verstaut, und wir erhielten sie an Weihnachten. Oft waren es modische Kleider von guter Qualität, wie man sie damals in Tansania nicht finden konnte.»

Nach dem zweiten Jahr Mittelschule musste sich Zawadi entscheiden, ob sie die Abteilung mit naturwissenschaftlichen Fächern, Handelsfächern oder Sprachen und Kunst besuchen wollte. Sie entschied sich für Biologie und bestand zwei Jahre später die Examen von «form four» mit besten Noten. «Damals schickte die Regierung jene, die gut abschlossen, für die zwei Jahre der oberen Mittelschule – form five and six – in Spezialschulen. Für Naturwissenschaften waren dies damals die beiden öffentlichen Mittelschulen in Dodoma und in Morogoro. Ich war achtzehnjährig und kam nach Dodoma ins Internat. Am Anfang war die Umstellung schwierig, jene, die bereits aus Internatsschulen kamen, waren gewohnt, sehr viel zu lernen, auch abends. Diese Erfahrung fehlte mir. Doch mit der Zeit holte ich auf. Ich hatte einzig in Physik Schwierigkeiten, ich verstand den Lehrer einfach nicht. In den Schulferien besuchte ich deshalb in Dar es Salaam Nachhilfeunterricht. Ich begann, Physik als Fach wieder zu mögen, und verbesserte mich stark. In den Dörfern gab es hingegen kaum Möglichkeiten für Nachhilfestunden. So versuchte ich nach den Ferien, einigen Kindern, die aus Dörfern kamen, zu helfen, wenn sie Mühe hatten, dem Unterricht zu folgen.»

Gerne hätte Zawadi nach Abschluss der Mittelschule Medizin studiert, aber ihre Note in Chemie reichte knapp nicht dazu. Sie tröstete sich damit, dass sie wie andere Kolleginnen ein Diplom als Krankenschwester machen könnte und später auf diesem Weg zum Medizinstudium zugelassen würde. Doch die Regierung entschied anders. «Wir konnten drei Studienrichtungen nennen, und ich wählte als Erstes die Krankenschwesterausbildung, als Zweites Medizin und als Drittes Erziehungswissenschaften. Ich wurde bei den Erziehungswissenschaften eingeteilt, was mir nicht besonders gefiel, denn ich wollte damals nicht Lehrerin werden. Ich konnte mir nicht vorstellen, zu unterrichten. Aber mein Vater ermutigte mich, und so begann ich das Studium. Als ich zum ersten Mal ein Praktikum machen musste, betete ich inbrünstig, fähig zu sein, vor einer Klasse zu stehen. Es ging gut, und es gefiel mir, mit Menschen zu arbeiten. Ich möchte nicht in einem Büro oder mit Maschinen arbeiten. Ich mag meine Arbeit, es macht mir Freude, die jungen Leute zu unterrichten, ein offenes Ohr für ihre Probleme zu haben und ihnen manchmal Ratschläge zu erteilen. Ich bin glücklich mit dieser Tätigkeit.»

Die Religion spielt eine wichtige Rolle im Leben von Zawadi Richard, sie ist mit dem christlichen Glauben aufgewachsen und praktiziert ihn. Aber sie glaubt auch an Hexerei und Dämonen, eigene Erlebnisse haben sie überzeugt, dass es so etwas gibt. «Zwei Vetter, die in Tabora lebten, hatten als Kinder seltsame Anfälle. Meine Mutter forderte den Vater der Kinder auf, die beiden nach Dar es Salaam zu bringen, wo vielleicht ein Pfarrer helfen könne. Als sie bei uns zu Hause waren, gerieten sie plötzlich in seltsame Zustände, es war das erste Mal, dass ich so etwas erlebte. Sie verhielten sich völlig ungewohnt, einer sprach nicht mehr, und es schien, als ob ihn jemand würgte. Der andere sprach seltsames Zeug mit veränderter Stimme. Meine Mutter wandte sich an die Dämonen, sie nahm die Bibel und sagte, in Jesu Namen sollten sie die Körper dieser Kinder verlassen. Das vom Dämon besessene Kind antwortete: ‹Versuch es, vielleicht hilft dir Gott›, und der Spuk verschwand, beide Kinder beruhigten sich. Mein Vater glaubt nicht an Dämonen, er mokierte sich damals über uns und sagte, das seien epileptische Anfälle. Aber ich denke, in seinem Innersten glaubt er trotzdem daran. Epileptische Anfälle sind anders. Auch ein Sohn meiner Schwester hatte merkwürdige Anfälle. Die Familie betete für ihn, und er wachte wieder auf. Er hatte bereits zweimal solche Anfälle, und deshalb beten wir weiterhin für ihn. Wenn er aufwacht, erinnert er sich an nichts und erzählt seltsame Dinge, einmal von einem Fremden in der Schule und einmal von einer Beerdigung. Es ist schwer zu glauben, aber für mich gibt es Angriffe von Dämonen. Auch unter meinen Studierenden gibt es welche, die während des Unterrichts plötzlich zu Boden fallen und dann wirre Dinge sprechen, vor allem Studenten aus der Region Mbeya haben dieses Problem. Als Christin glaube ich, dass Gebete heilen können. Wenn die vom Dämon Besessenen einverstanden sind, bete ich mit ihnen, ich habe öfters erlebt, dass es hilft. Andere versuchen es mit Hexerei, aber meiner Meinung nach hilft dies nur vorübergehend.»

Bevor Zawadi Dozentin an der Universität wurde, unterrichtete sie neun Jahre lang Kinder. Nach ihrem Universitätsdiplom war sie zunächst drei Jahre lang an einer öffentlichen Mittelschule Biologie- und Chemielehrerin. Danach studierte sie weiter und machte einen Master in Education für das Lehramt, bevor sie für weitere zwei Jahre als Lehrerin an die Mittelschule zurückkehrte. Als sie fünfunddreissig Jahre alt war, bekam sie eine Stelle als Schulvorsteherin an einer neu eröffneten Mittelschule. «Ich arbeitete dort nur ein Jahr, es war eine grosse Herausforderung, aber eine gute Erfahrung. Einer Schule vorzustehen, ist eine sehr politische Position, man muss mit den Quartierbehörden zusammenarbeiten, die von der Partei gewählt werden. Manchmal ist es sehr schwierig, mit diesen Leuten zurechtzukommen. Ich tat mein Bestes, aber es war nicht einfach. Wir hatten insgesamt sechshundert Kinder, pro Klasse zwischen siebzig und achtzig. Die Schule hatte weder Strom noch Wasser. Aber in der Nähe der Schule gibt es eine Wasserstelle, junge Männer bringen das Wasser auf Handwagen in Kanistern. Wir brauchten einen beträchtlichen Teil des Schulgeldes, um Wasser für die Toiletten und die Blumen zu kaufen. Wir hatten einen schönen Schulgarten, und die Schülerinnen und Schüler waren für das Wässern des Gartens verantwortlich. Um ein Büro und ein Lehrerzimmer einzurichten, mussten wir ein Schulzimmer aufteilen. Und wie in allen neuen Schulen in Tansania gab es natürlich noch kein Labor. Damit die Schülerinnen und Schüler wenigstens eine Ahnung hatten, wie ein Labor aussieht und was man dort machen kann, besuchten wir mit den Klassen ältere Schulen, die eine Laboreinrichtung haben. Einfacher war es im Biologieunterricht, da konnten wir selbst Pflanzen sammeln.»

Es war neu für Zawadi, die ganze Verwaltung der Schule zu übernehmen und Sponsoren zu suchen, um Material für die Schule zu bekommen, Stühle, Bänke, Bücher und so weiter. «In der kurzen Zeit, in der ich die Schule leitete, konnte ich nicht viel erreichen, aber gerade bevor ich nach Dodoma wechselte, spendete uns eine Bank endlich Stühle. Wer mehrere Jahre als Schulvorsteher arbeitet, wird eine starke Führungspersönlichkeit, denn man muss in dieser Position für so vieles kämpfen, es mangelt an allen Ecken und Enden in den Schulen.»

Zawadi Richard fühlte sich nicht ganz am richtigen Ort als Schulvorsteherin. Was ihr Spass macht, ist das Unterrichten; die ganze Verwaltung, die Kämpfe um Finanzmittel und die politischen Ränkespiele liegen ihr weniger. So bewarb sie sich nach einem Jahr an zwei Universitäten für eine Stelle als Assistentin. Die Saint John's University in Dodoma lud sie zu einem Bewerbungsgespräch ein und bot ihr sofort eine Anstellung an. Sie sah sich die Stadt an, überlegte, ob sie sich ein Leben hier vorstellen könnte, und sagte zu. Kurz danach trat sie die Stelle an, lange Kündigungsfristen sind in Tansania nicht üblich. Seit September 2008 hält Zawadi Richard jede Woche ein bis zwei Vorlesungen in Didaktik und Pädagogik vor sechshundert Studentinnen und Studenten und führt sechs, sieben Seminare mit Gruppen durch.

«Ich möchte möglichst bald den Doktortitel erwerben, um als ordentliche Professorin unterrichten zu können. Mich interessiert Informatik, kombiniert mit Erziehungswissenschaften, ich will mich auf den Einsatz von Informatik im Unterricht spezialisieren. Auch Forschung würde mich interessieren, aber ich denke, dass es schwierig ist, hier in Tansania das nötige Grundlagenmaterial zu finden, wir sind noch nicht so weit entwickelt auf diesem Gebiet. Ich müsste ein Stipendium für eine ausländische Universität erhalten. Wenn ich nicht ins Ausland kann, werde ich wohl meinen Doktor an der Universität in Dar es Salaam machen.» – Im Herbst 2010, ein halbes Jahr nach unseren Gesprächen, schreibt mir Zawadi voller Freude, dass sie ein Stipendium für ihre Studien als Doktorandin an einer neuseeländischen Universität gewonnen hat.

Benedict Mohamed Sokoi

Geboren 1941 in Haubi, Distrikt Kondoa, Region Dodoma

«Zum ersten Mal sah ich unsere Fahne im Wind flattern»

Benedict Sokoi dachte früher nicht im Traum daran, dass er mit bald siebzig Jahren in einem Waisenhaus arbeiten würde. Doch er fühlt sich zu Hause im «Kituo cha Shukurani», dem Haus der Dankbarkeit, und ist mit Hand und Herz bei der Arbeit. «Babu», Grossvater, wie er liebevoll genannt wird, ist hier die respektierte Autorität, zusammen mit seinen beiden Kolleginnen, der rundlichen, herzlichen Mama Zawadi und der jungen Mama Leah.

Die meisten Kinder haben schon viel durchgemacht, wenn sie im «Kituo cha Shukurani» aufgenommen werden. Sie haben keine Familienangehörigen mehr, die angemessen für sie sorgen können, auch wenn manche ihre Ferien und ab und zu ein Wochenende bei einer Grossmutter oder anderen Verwandten verbringen können. Einige Kinder sind krank oder behindert in das kleine Heim gekommen. Da ist Samweli, dem ein verkrüppeltes Bein amputiert werden musste; Mohamed ist geistig behindert, Nema ist gehörlos, mehrere Kinder sind HIV-positiv. Zwei ehemalige Strassenkinder sind erst seit Kurzem hier, nachdem sie von der Polizei aufgegriffen und im psychiatrischen Spital vom Leimschnüffeln entwöhnt worden sind. Die Kinder helfen einander, wo nötig, und auch Neulinge werden rasch in die Gemeinschaft aufgenommen.

Den sandigen Hof des Waisenhauses betritt man durch ein bunt bemaltes Metalltor. Entlang der Hofmauer spenden ein paar magere Bäume etwas Schatten, und ein grosser Felsblock, den die Kinder als Kletterstein benutzen, stand lange vor den vier einstöckigen Gebäuden bereits hier. In der offenen Küche unter dem Wellblechdach brodelt auf dem Holzfeuer der flüssige Porridge für das Frühstück in einem riesigen Topf. Am Mittag werde es Maisbrei und gestampfte und gekochte Maniokblätter geben, sagt Mama Zawadi, die mit einer grossen Holzkelle den Brei rührt. Der Speiseplan ist einfach, ab und zu gibt es Eier oder kleine, getrocknete Fischchen zum Reis oder Maisbrei, manchmal etwas Fleisch.

Im ersten der vier Häuser sind die Mehrbettzimmer mit doppelstöckigen Eisenbetten der Buben untergebracht, im Nebengebäude jene der Mädchen und der Betreuerin sowie der Aufenthaltsraum. Im dritten Haus sind der Essraum, der Kindergartenraum, die Büros und der Schlafraum von Benedict Sokoi untergebracht. Auf der anderen Seite des Hofes ist ein grosser Vorratsraum, wo Fünfzig-Kilo-Maissäcke lagern und die paar Velos der grösseren Schulkinder stehen. Im leeren Raum nebenan mit den bunt bemalten Wänden üben die Kinder Volkstänze ein, singen und trommeln, malen und trainieren Bodenturnen auf dem nackten Betonboden.

Die Atmosphäre im Heim gefällt mir. Die Kinder haben nur wenig Spielzeug zur Verfügung, aber dieses nutzen sie eifrig. Eine Gruppe von Buben liegt auf dem Bauch rund um ein grosses Puzzle und dreht und wendet die kleinen Kartonteilchen, bis sie zusammenpassen. Andere spielen Ball, Mädchen machen ein Hüpfspiel. Wie für andere Kinder besteht aber auch für die Heimkinder die Freizeit nicht nur aus Spielen. Neben Schulaufgaben gibt es Ämtlein wie den Hühnerstall und den Hof putzen, Kleider waschen, die Ziege und die Kaninchen füttern, Geschirr spülen oder beim Kochen helfen. Jeden Samstag kommt ein junger Lehrer und unterrichtet die Kinder im Tanzen, Singen, Trommelspielen und Bodenturnen. Hier können sie ihre ganze Energie ausleben und die jeweiligen Talente zum Vorschein bringen. Mit der Zeit hat der Lehrer ein richtiges Programm entwickelt, mit dem die Kinder an verschiedensten Veranstaltungen in der Stadt auftreten.

Benedict Sokoi ist liebevoll mit den Kindern, aber auch streng, wenn er es für angezeigt hält. Er ist ein mageres Männlein mit einer starken Ausstrahlung und Humor. Er legt Wert auf saubere, gepflegte Kleidung, und die fein bestickte helle Kopfbedeckung, die «barakashia», gibt ihm ein würdiges Aussehen. Er trage seit über zwanzig Jahren immer eine, erzählt er. «Die ‹barakashia› ist nicht eine dieser Mützen, wie sie die jungen Leute heute tragen, welche die Hälfte des Gesichts verdecken und die man in jedem Büro ausziehen muss», erklärt er. «Mit der ‹barakashia› kann ich überall hin, auch ins Parlament, einzig in der Kirche nehme ich sie vom Kopf. Sie ist eine respektable Kopfbedeckung, und da ich jetzt graue Haare habe, sehe ich besser aus mit ihr als ohne.» Lachend nimmt er sie kurz vom Kopf und zeigt die grauen, kurz rasierten Haare und die Stirn, die viel heller ist als das der Sonne ausgesetzte dunkle Gesicht. «Schade ist nur, dass so niemand sieht, dass ich Katholik bin, sie denken alle, ich sei Muslim. Manche fragen mich, weshalb ich den Rosenkranz am Hals trage, und wenn ich antworte, ich sei katholisch, wollen sie wissen, weshalb ich dann die ‹barakashia› trage? Das sei nur ein Kleidungsstück, das könnten alle tragen, nicht nur die Muslime, sage ich ihnen.»

Aufgewachsen ist Benedict Mohamed Sokoi als jüngster Sohn einer Bauernfamilie im Dorf Haubi, etwa hundertachtzig Kilometer nördlich von Dodoma. Rund fünfzig Kühe, Ziegen und Schafe ermöglichten der Familie mit vier Kindern ein karges Auskommen. Der Vater stammte aus einer muslimischen Familie, weder er noch seine Frau waren jedoch gläubig. «Die Schule im Dorf wurde von der katholischen Kirche geführt, deshalb schickte mein Vater wie die meisten muslimischen Dorfbewohner uns Kinder nicht zur Schule. Wir halfen zu Hause und hüteten das Vieh. Doch als ich zwölf Jahre alt war, baute ein zypriotischer Katholik eine neue Schule, die er dem Staat übergab. Mein Vater liess sich überzeugen, mich und meine Geschwister dort zur Schule zu schicken. Wir wurden alle getauft, auch meine Eltern liessen sich taufen. Ich hatte mich riesig auf die Schule gefreut und war ein begeisterter Schüler. Nach vier Jahren Primarschule konnte ich vier Jahre die Mittelstufe besuchen, wie sie damals hiess, und nach den acht Schuljahren bestand ich die Prüfung für die Mittelschule in Bihawana. Meine

Eltern hatten jedoch nicht genügend Geld, um mich dort weiter zur Schule zu schicken, das Schulgeld betrug neunhundert tansanische Schilling, und das war damals viel. So bin ich nach Hause zurückgekehrt, habe wieder das Vieh gehütet und Arbeit gesucht.»

Der Tag der Unabhängigkeit von Tanganyika, der 9. Dezember 1961, war für den inzwischen Zwanzigjährigen ein Freudentag, an den er sich lebhaft erinnert. «Zum ersten Mal sah ich unsere eigene Fahne im Wind flattern, und Julius Kambarage Nyerere wurde unser erster schwarzer Ministerpräsident. Der letzte englische Gouverneur war Richard Turnbull. Er holte seine Fahne ein und ging. Endlich konnten wir uns selbst regieren! Am Tag der Unabhängigkeit wurde in unserem Dorf ein grosses Fest veranstaltet, es wurde viel selbstgebrautes Bier, ‹pombe›, getrunken und eine Menge gegrilltes Fleisch gegessen.»

Erst vier Jahre später fand Benedict Sokoi eine Stelle. Er wurde Sekretär der Landwirtschaftsgenossenschaft in Changaa. Es war eine der Kooperativen, wie sie nach der Unabhängigkeit im sozialistischen System unter Staatspräsident Julius Nyerere entstanden. «Es war eine grosse Genossenschaft, wir kauften riesige Mengen Getreide und Feldfrüchte von den Bauern und verkauften sie weiter. Zum Teil wurden sie per Schiff in andere Kontinente exportiert. Die Arbeit gefiel mir. Während der Haupternte, die meist von Juni bis Dezember dauerte, arbeitete ich oft bis zu zwölf Stunden am Tag. Viele Bauern kamen von weit her. Bis um ein Uhr mittags nahmen wir Ware an. Danach zahlte ich jeden aus, entsprechend der gelieferten Menge Mais, Hirse, Sorghum oder Bohnen. Das dauerte meist bis Sonnenuntergang. Wenn wir gut kaufen und verkaufen konnten, blieb neben dem Betrag für unsere Löhne auch noch etwas Geld, um wieder Büromaterial zu kaufen. Neben mir und dem stellvertretenden Sekretär waren in der Genossenschaft zwölf weitere Distriktsangestellte tätig, sowohl Frauen wie Männer.»

Benedict lebte zunächst allein in einem Zimmer der Kooperative, aber bald suchte er sich eine Frau. Er lernte ein junges Mädchen in der katholischen Mission in Changaa kennen, das ihm gefiel. Sie war achtzehnjährig und lebte und arbeitete in der Missionsstation bei den Priestern. «Es war keine arrangierte Heirat. Als ich meine Verlobte meinen Eltern vorstellte, meinten sie, wenn ich denke, dies sei die richtige Frau für mich, sei es in Ordnung. Schliesslich sei ich ja derjenige, der mit ihr leben werde. Auch ihre Eltern waren einverstanden, und so heirateten wir 1967. Ich hatte einen guten Lohn in der Genossenschaft, dreihundert Schilling im Monat, und konnte mir nach und nach ein Haus aus gebrannten Ziegelsteinen mit einem Wellblechdach bauen, während wir zuvor in Miete in einem Lehmhaus gewohnt hatten. Nach und nach kamen zehn Kinder auf die Welt, und meine Frau widmete sich ganz der Familie. Zwei der Kinder sind früh gestorben, so sind mir vier Mädchen und vier Jungen geblieben.»

Oft war der Tisch mit vier Plätzen zu klein für die Familie, und so wurde eine Matte auf dem Boden ausgebreitet für die Mahlzeiten. «Die Buben assen mit mir und die Mädchen mit der Mutter, das war Tradition. Ich war ein strenger Vater, mir war wichtig, dass die Kinder eine gute Schulbildung erhielten und dass sie zu Hause mitarbeiteten. Die Mädchen halfen der Mutter im Haushalt beim Waschen, Putzen, Kochen, während die Buben für das Haus verantwortlich waren, für Garten und Feld und für die Ziegen. Als sie klein waren, kümmerte sich vor allem die Mutter um die Erziehung, später vermehrt auch ich. Die Mutter war noch fast strenger als ich. Wenn die Kinder nicht gehorchten, mussten sie manchmal ohne Essen ins Bett, ab und zu kriegten sie sogar zwei Tage nichts zu essen. Wenn sie sehr unartig waren, bekamen sie Schläge mit dem Stöckchen, dem sogenannten ‹kiboko›, dem Hippopotamus, wie dieses in Anlehnung an die Peitsche aus Flusspferdhaut heisst, die manche Kolonialherren verwendeten.» Ob die Bestrafungen den erhofften Erfolg gebracht hätten, wollte ich wissen. Eben hatte ich in der Zeitung gelesen, dass Parlamentsmitglieder in Sansibar die Regierung aufforderten, im Kindergarten die Prügelstrafe wieder zu erlauben. «Ja, sehr, sehr», antwortete er ernst.

Wichtiger gemeinsamer Moment in der Familie Sokoi war neben den täglichen Mahlzeiten der sonntägliche Kirchgang. «Am Sonntag gingen wir alle zusammen in die Kirche, während ich an Wochentagen nur mit meiner Frau in die Messe ging. Auch heute noch gehen alle Kinder in die Kirche. Ich selbst kann nicht mehr so oft in die Messe, seit ich während meiner Arbeitszeit hier im Waisenhaus lebe, aber ich bete jeden Morgen und jeden Abend.»

Nach zwölf Jahren als Sekretär der landwirtschaftlichen Genossenschaft in Changaa kündigte Benedict Sokoi 1977 seine Stelle. «Nach all den Jahren waren einige Angestellte der Kooperative nicht mehr vertrauenswürdig», erklärt er seinen Weggang. «Es gab Diebe unter ihnen, und ich war derjenige, der verantwortlich war, wenn von tausend Kilo gekauftem Mais plötzlich nur noch achthundert zum Verkauf bereitstanden. Mit solchen Problemen wollte ich mich nicht mehr herumschlagen, und so habe ich demissioniert. Danach wurde ich wieder Bauer und bewirtschaftete die Felder, die ich gekauft hatte. Der Boden bei uns war nicht knapp, und er ist fruchtbar. Ich pflanzte Mais, Hirse und Maniok an; Vieh hatte ich keines. Mit der Ernte konnte ich nicht nur die Familie ernähren, es blieb mir ein Teil der Ernte für den Verkauf. So konnte ich allen meinen Kindern die Schule bezahlen, und ausser einer Tochter haben alle die Mittelschule abgeschlossen. Um ihnen eine bessere Ausbildung zu ermöglichen, sind wir 1985 nach Dodoma gezogen. Ich habe dort, wie schon in Changaa, ein bescheidenes Haus gebaut.»

Die 1980er-Jahre waren in Tansania wirtschaftlich sehr schwierig, Nyereres sozialistischer Weg war gescheitert. Benedict Sokoi handelte trotzdem zunächst erfolgreich mit landwirtschaftlichen Produkten, die er als Grossist in Dodoma auf den Markt brachte. Sein Stamm, die Warangi, sind in Dodoma bekannt als erfolgreiche Händler. Sie beherrschen den Grossisten-Markt von Getreide und Hülsenfrüchten, der sich hinter dem gedeckten Markt am

Strassenrand abspielt. Den Detailhandel an den Ständen im Innern des Marktes führen hingegen vor allem die Wachagga.

Im November 1985 trat Julius Nyerere als Staatspräsident zurück. «Nyerere war eine ausserordentliche Persönlichkeit, er war seinem Volk sehr nahe, vor allem den armen Leuten. Wir setzten so viel Hoffnung in ihn! Er hat bei seinem Rücktritt das Volk ins Stadium von Dodoma gerufen, um seinen Entscheid zu erklären. Es war ein sehr trauriger Tag. Er versicherte, dass er vorläufig seinen Posten in der Regierungspartei behalten werde, aber dass jetzt jüngere Leute das Land vorwärtsbringen sollten. Jede Region hat Nyerere ein Geschenk überreicht, und er ist in seinen Geburtsort Butiama am Victoriasee zurückgekehrt und wieder Bauer geworden. Wer weiss, vielleicht wären gewisse Dinge in Tansania nicht geschehen, wenn er noch da wäre. Heute ist die wirtschaftliche Lage schlecht, weil es zu viel Diebe in der Regierung gibt. Unter Nyerere gab es auch welche, aber wenn er realisierte, dass jemand in der Regierung für seinen eigenen Profit arbeitete, entliess er ihn. Heute decken sich die Mächtigen gegenseitig.»

Der Handel von Benedict Sokoi florierte nur etwa ein Jahr. 1986 wurde er Opfer eines Diebstahls, der ihm seine Ersparnisse wegfrass. «Ich begleitete wie üblich den Lastwagenfahrer in ein Dorf, um Mais zu kaufen. Mit einer Ladung von sechsundachtzig Säcken waren wir nachts auf dem Rückweg nach Dodoma, als wir von der Polizei angehalten wurden. Sie fragten, von wem wir den Mais gekauft hätten. Wir nannten den Verkäufer, und sie begleiteten uns zu ihm zurück. Es stellte sich heraus, dass uns nicht der Besitzer, sondern einer seiner Wachleute den Mais verkauft hatte. Wir gaben den Mais zurück, und sie verhafteten den Wächter. Aber seltsamerweise wurde dieser schon in der Nacht wieder freigelassen. Er hat bestimmt die Polizisten mit dem kassierten Geld bestochen, um aus dem Gefängnis entlassen zu werden. Wir haben weder ihn noch unser Geld jemals wieder gesehen. Zum Glück war der Lastwagenbesitzer bereit, die Bezahlung für den Transport in Raten zu erhalten, aber insgesamt hatte ich einen Verlust von über fünfundsiebzigtausend Schilling. Dies bedeutete einen Einschnitt in meinem Leben, ich hatte nicht mehr genügend Kapital, um Grosshandel zu treiben. So begann ich, Tomaten in kleinen Mengen auf dem Markt zu verkaufen. Der Verdienst reichte knapp, um zu essen und den Kindern die Schule zu bezahlen. Als die Kinder ihre Ausbildung gemacht hatten, war das wenige Ersparte aufgebraucht.»

Mitte der 1990er-Jahre kehrte Benedict Sokoi für zwei Jahre nach Changaa zurück und betrieb wieder Landwirtschaft. Die Familie blieb in Dodoma, und er besuchte sie an den Wochenenden. «Ab 1997 habe ich dann hier und dort Gelegenheitsarbeiten übernommen. Es war nicht eine besonders erfreuliche Zeit in meinem Leben. Dann hat sich mir 2002 überraschend die Möglichkeit einer Anstellung geboten. Ich war ja schon einundsechzig Jahre alt. Dank meinem Sohn, der Priester ist, kannte ich mehrere Priester, und einer fragte mich an, ob ich im Waisenhaus für aidskranke Kinder arbeiten wolle, das die italienische Mission führt. Ich sagte zu, und die neue Arbeit gefiel mir. Ich kümmerte mich gerne um die Waisenkinder, ich war ein wenig wie ein Vater für sie. Nach fünf Jahren Arbeit in diesem Waisenhaus beschloss ich, mich zur Ruhe zu setzen, ich übergab am 15. September 2007 der leitenden Schwester meine Kündigung.»

Lange hat es der vife Benedict Sokoi allerdings nicht untätig ausgehalten. Schon im Dezember desselben Jahres meldete er sich bei Giovanna Moretti, die er von ihren Besuchen im Waisenhaus der italienischen Mission kannte und von der er wusste, dass sie ebenfalls ein Waisenhaus leitet. «Ich hatte das Gefühl, ich könne nicht länger einfach zu Hause bleiben, und so habe ich sie gefragt, ob sie Arbeit für mich habe. Ich konnte sofort anfangen.» Das Waisenhaus Kituo cha Shukurani der italienischen Laienorganisation Kisedet ist mit viel bescheideneren Mitteln eingerichtet als jenes der Mission. Es beherbergt zudem nur rund fünfundzwanzig Kinder, während die Mission Platz für über hundert Kinder bietet.

Benedict Sokoi fühlt sich wohler hier im kleineren, einfacheren Rahmen. Er hat noch keineswegs Lust, sich zur Ruhe zu setzen. «Die Arbeit ist ein gutes Training für meinen Körper», meint er lachend und deutet mit den Ellbogen Freiübungen an, «so erhalte ich mich jung, und zudem falle ich dank dieser Anstellung meinen eigenen Kindern nicht zur Last, ich kann für mich selbst sorgen. Im Unterschied zur vorherigen Institution habe ich hier die Freiheit, selbständig zu arbeiten, es steht nicht ständig jemand hinter mir, der mir sagt, was ich zu tun habe. Wir entscheiden gemeinsam im Team, was zu tun ist und wie wir die Probleme lösen. Es gefällt mir, dass ich hier mehr Verantwortung habe. Auch der Kontakt zu den Kindern ist enger, es ist familiärer und ich habe die Freiheit, mit ihnen zu reden, wann ich will. Da die Kinder keine Eltern mehr haben, muss man sie lieben, als ob es die eigenen Kinder wären. Die Beziehung zu den Kindern liegt mir sehr am Herzen.»

Rückblickend hat Benedict Sokoi Grund, stolz zu sein auf das, was er in seinem Leben erreicht hat. «Aus meinen Kindern ist mit einer Ausnahme etwas Rechtes geworden. Ein Sohn hat es zum Verwalter bei der katholischen Kirche in Dodoma gebracht, einer ist, wie schon gesagt, Priester, einer Primarlehrer in Singida und einer Kleinbusfahrer.

Zwei Söhne sind verheiratet. Ob er einen Brautpreis bezahlt habe für seine Söhne, frage ich. «Ja, natürlich. Da ich keine Kühe hatte, einigte ich mich mit der Familie der Braut auf eine Geldsumme. Ich bezahlte dreihundertfünfzigtausend Schilling für die Braut des ältesten Sohnes und hundertachtzigtausend für jene des zweiten.» Umgekehrt bekam er für seine Töchter den Brautpreis, fünfhundertsiebzigtausend Schilling für die älteste, vierhundertneunzigtausend für die zweite und zweihundertsiebzigtausend für die dritte Tochter. Da habe er ja ein gutes Geschäft gemacht, werfe ich ein. Er schüttelt entschieden den Kopf. «Je höher der Brautpreis, desto grösser die Aussteuer, welche die Braut mit in die Ehe bringen muss. Das erhaltene Geld habe ich alles verwendet, um das Ehebett, die Bettwäsche, Geschirr, Kleider und anderes für den Hausstand kaufen.»

Die zweitjüngste Tochter ist unverheiratet. Sie hat nur die Primarschule abgeschlossen und früh zwei Kinder gehabt. «Sie ist mein Kreuz», seufzt Benedict Sokoi, «sie lebt mit ihren Kindern bei uns im Haus in Dodoma. Wir haben ihr die gleichen Möglichkeiten geboten wie den anderen Kindern, aber sie wusste sie nicht zu nutzen, das ist mein Kreuz!»

Kaum habe ich das Tonband abgeschaltet, steht Benedict Sokoi auf und verabschiedet sich. Er ist nicht gewohnt, untätig herumzusitzen. Es gilt Futter für die Kaninchen und Medikamente für ein aidskrankes Kind zu holen, ausserdem steht ein Besuch der Vertreterin des Sozialamtes bevor. Zwischendurch gibt er den Kindern Anweisungen, wohlwollend aber bestimmt.

Unsere Wächter

Yoram Lusinde strahlt über das ganze Gesicht, als er erfährt, dass wir das Haus mieten, das mehrere Monate leerstand, denn nun werden er und sein jüngster Sohn James wieder einen vollen Lohn erhalten und später George, der Zweitjüngste, noch einen Teilzeitjob. Yoram war schon dabei, als dieses Haus vor über siebzehn Jahren gebaut wurde, und seither ist sein Arbeitsplatz als Wächter und Gärtner hier. Die Frage, ob wir Wachpersonal wollen, stellt sich gar nicht, denn selbstverständlich brauchen Weisse und reichere Tansanier Wächter, wenn sie nicht bestohlen werden wollen. Und zudem wäre es arrogant und rücksichtslos, keinen Arbeitsplatz anzubieten.

Abends um sechs Uhr, wenn die Wächter der Wachgesellschaften Schichtwechsel haben, sind in Dodoma ganze Gruppen von grün, blau oder schwarz Uniformierten auf dem Weg zu ihrem Arbeitsplatz, manche mit umgehängtem Gewehr.

Yoram, James und George haben weder Uniform noch Gewehr, aber eine Keule, eine Trillerpfeife und eine Taschenlampe als Arbeitswerkzeuge für die Nacht. Sie machen abwechslungsweise Tag- und Nachtdienst. Tagsüber schneiden sie Hecken, giessen den Garten, kehren Blätter zusammen und putzen mit Hingabe unser Auto. Mich fasziniert, wie sie ihre Arbeit einteilen. Oft kehrt der eine dürre Blätter zu kleinen Haufen zusammen, und der andere bringt sie nach dem Schichtwechsel oder am nächsten Tag mit dem Schubkarren irgendwo ins Feld hinaus. Zwischendurch sitzen oder liegen sie stundenlang regungslos auf ihrer Bank am Schatten. Sie scheinen keine Langeweile zu kennen während der langen Pausen und einsamen Nächte.

Bei James ist der Arbeitseinsatz stark von seinem Befinden abhängig. Er rührt hie und da zwei, drei Tage kaum einen Finger, doch wenn ich langsam kribbelig werde, weil dies oder jenes zu erledigen wäre, erwacht er unvermittelt zu neuem Tatendrang, ohne dass ich ein Wort sage, und legt sich wieder stundenlang ins Zeug.

Die ersten Tage berührte es mich seltsam, dass immer jemand ums Haus herum war und ich nachts manchmal von Yorams Husten oder lautem Gähnen oder von seinen tappenden Schritten aufwachte. Doch sehr bald gehörten die Wächter ganz selbstverständlich dazu, und wenn mein Mann tagelang beruflich unterwegs ist, bin ich froh über ihre Anwesenheit. Durch sie erhielt ich zudem die ersten Einblicke in das Leben von Einheimischen. Die sprachliche Verständigung war am Anfang sehr schwierig, aber gleichzeitig meine Hauptmotivation, Kiswahili zu lernen.

Ich erfuhr rasch, wie kärglich die Familien auch mit einem verhältnismässig guten Lohn leben. Es ist ein Leben von der Hand in den Mund, ein Sparkonto besitzen nur Wohlhabende. Sobald jemand ein regelmässiges Einkommen hat – und dies ist die Minderheit der Bevölkerung –, muss er weitere Familienmitglieder unterstützen und oft Enkeln oder Geschwistern den Schulbesuch ermöglichen. Gibt es einmal einen Extraverdienst wegen Überzeit oder für einen Zweitjob als Taglöhner, wird das Geld für dringende Anschaffungen oder Reparaturen am Haus gebraucht, das nach unseren Massstäben eher eine Hütte ist.

Weil unsere Wächter keine Krankenkasse haben, bezahlen wir für sie und die engere Familie die Krankenkosten. Yoram musste ein Auge operieren lassen in der Augenklinik in Mwumi, etwa zwanzig Kilometer von Dodoma entfernt. Umgerechnet vierzig Franken kostete die Operation und fünf Franken der Bus, das entspricht einem halben Monatslohn. Für andere Krankheiten gehen unsere Angestellten und ihre Familienangehörigen ins Distriktsspital in Dodoma, das auch für ambulante Konsultationen zuständig ist. Nach stundenlangem Warten kommen sie jeweils mit drei, vier, fünf kleinen Plastiktüten mit vielen bunten Pillen zurück. Die Pillen sind abgezählt, und es gibt keine Packungsbeilage. Öfters zweifle ich, ob die verschriebenen Medikamente alle sinnvoll und unschädlich sind, denn die Zeitungen berichten regelmässig von gefälschten und alten Medikamenten, die von staatlichen Behörden konfisziert und vernichtet wurden. Auffällig ist auch, dass die Ärzte eigentlich immer Malaria oder Typhus diagnostizieren. Wie wir mit der Zeit herausfinden, gilt dies generell für Tansania, denn die Tests sind nicht immer eindeutig, und im Zweifelsfall wird eine der beiden häufig vorkommenden Krankheiten behandelt, selbst wenn es manchmal eine harmlose Grippe sein mag oder im schlechteren Fall etwas ganz anderes.

Der Glaube an Medikamente ist bei den meisten Leuten gross, und so helfen diese vielleicht manchmal auch dank Placebo-Effekt. Oft helfen aber weder Medikamente noch weitere ärztliche Pflege. Wir erfahren von unseren Angestellten und weiteren Bekannten wöchentlich von Todesfällen. Armut, die Immunschwäche der Patienten, vielfach durch Aids oder Tuberkulose verursacht, fehlende medizinische Einrichtungen und wirksame Medikamente sowie zu wenig ausgebildetes medizinisches Personal fordern viele Opfer, selbst in der Hauptstadt Dodoma. Malaria ist vor allem für Kleinkinder nach wie vor eine der häufigsten Todesursachen. Von schätzungsweise hunderttausend Menschen, die in Tansania jährlich an Malaria sterben, sind vier Fünftel Kinder unter fünf Jahren, erfahre ich aus der Zeitung.

Als James wieder einmal gerufen wurde, um beim Einsargen eines verstorbenen Nachbarn zu helfen, fragte ich mich, wie viele Beerdigungen dieser Sechsundzwanzigjährige bereits erlebt hatte. Es sind unzählige, auch weil die Familien sehr gross sind und das ganze Dorf oder Quartier an den ausgedehnten Begräbnisfeierlichkeiten teilnimmt. Doch auch in seiner engen Familie gab es schon mehrere Todesfälle: Er hat eine kleine Tochter durch einen Schlangenbiss verloren und von seinen zwölf Geschwistern starben drei Schwestern an Aids und zwei weitere Geschwister starben schon vor seiner Geburt als Kleinkinder.

Der Tod ist sehr gegenwärtig im Leben der Tansanier. Sie geben ihm den gebührenden Platz, die Trauernden sitzen lange beieinander, manchmal tagelang, es wird gegessen und getrunken und Musik gespielt. Bei einem Todesfall in der Familie unseres Nachbarn schallte drei Tage und Nächte laute Gospelmusik über Lautsprecher in die Umgebung. Danach geht das Leben weiter. Gott oder Allah hat entschieden, den Verstorbenen zu sich zu rufen, da gibt es keine Auflehnung, den einen ist ein langes Leben beschieden, vielen nur ein kurzes.

Unser Hausverwalter, ein gebildeter Geschäftsmann, kommentierte einmal: «Für uns Tansanier hat das Leben zu wenig Wert.» Nur so könne er sich erklären, dass trotz den vielen Aufklärungskampagnen weiterhin so viele junge Leute an Aids sterben. Er kommt aus der Region Kaghera, die an Uganda grenzt, und in dieser Region sei seine Generation fast ausgestorben. Er ist fünfundfünfzigjährig und hat in seiner Familie drei Kinder seiner an Aids verstorbenen Geschwister aufgenommen. Oft sind es die Grosseltern, die die verwaisten Enkel aufziehen müssen. So hat auch Yoram Kinder seiner verstorbenen Töchter zu sich genommen. Er und seine Frau sorgen seit Jahren für eine wechselnde Anzahl von Enkelkindern, nicht nur für die verwaisten, auch für jene, die wegen Familienproblemen nicht bei den Eltern leben können.

Yoram Lusinde

Geboren 1942 in Mkonze, Region Dodoma

«So hütete ich das Vieh, anstatt in die Schule zu gehen»

Yoram Lusinde wohnt in einem Aussenquartier am westlichen Ende von Dodoma. Ein schmaler Sandweg führt an einfachen Häuschen vorbei, vor denen viele Kinder spielen. Zwei solche Häuser aus getrockneten Lehmziegeln gruppieren sich mit Yorams Haus um einen kleinen Innenhof, wo Hühner nach Futter picken und Kinder spielen. Die Schwiegertochter Edina sitzt auf einem niedrigen Dreibeinhocker vor dem Haus und winkt meinen Mann und mich herein: «Karibuni – Willkommen!» Sie ist heute mit ihren Brüdern und den zwei kleinen Kindern aus dem Dorf ihrer Familie zurückgekehrt. Die Männer sitzen im Wohnzimmer und parlieren seit Stunden. Es ist ein kleiner Raum, vollgestellt mit breiten Sesseln, einem Sofa und einem niedrigen Tischlein. Hoch oben an der Wand hängen drei christliche Bilder und ein Bibelspruch. Die Farbe an den Wänden ist seit Langem abgeblättert, und auch die einfachen Polstermöbel dürften schon seit Jahrzehnten hier stehen.

Nach der üblichen längeren Begrüssungszeremonie, bei der nach dem heutigen Befinden, nach der Familie, dem Haus gefragt wird, was immer mit «gut» in verschiedenen Varianten beantwortet wird –, «safi tu», «nzuri», «njema» oder «salama» –, setzen wir uns auf das Sofa, wo uns einer der Verwandten Platz gemacht hat. Auch Yorams Frau, «mama Lusinde», und Sohn George mit dem dreijährigen Willy vom Häuschen gegenüber kommen uns begrüssen. Die sprachlichen Konversationsmöglichkeiten unsererseits sind beschränkt, und so verabschieden wir uns bald und setzen unseren Sonntagsspaziergang fort.

Yoram ist einige Kilometer von seinem jetzigen Wohnort entfernt im Dörfchen Mkonze aufgewachsen, als dritter Sohn eines Bauern.

Seine Eltern hatten neun Kinder. Mit einer zweiten Frau, die der Vater heiratete, als Yoram etwa zwölfjährig war, hatte er weitere sechs Kinder. «Wir verstanden uns alle gut miteinander, auch meine Mutter hatte kein Problem mit der zweiten Frau, sie war wie eine Verwandte», erzählt Yoram, als wir uns ein paar Tage später in unserem Garten zum Gespräch mit der Übersetzerin treffen. «Von meinen acht Geschwistern sind sechs schon gestorben, einige als kleine Kinder, so auch mein ältester Bruder, er ist an einem Schlangenbiss gestorben. Jetzt habe ich noch zwei Schwestern. Auch von den Kindern der zweiten Frau ist eines früh ums Leben gekommen.»

Yorams Vater besass etwa zweihundertfünfzig Kühe und dreihundert Ziegen, und trotzdem lebte er als armer Bauer. Die Kinder trieben das Vieh auf die mageren Weiden der Umgebung und hüteten sie. In Jahren grosser Trockenheit starben viele dieser kleinen Zeburinder. Handel wurde mit dem Vieh kaum getrieben. Auch heute noch ist das Vieh für viele Bauern eine Sparkasse, die fast nur für den Brautpreis angetastet wird, wenn die Söhne heiraten. Vater Lusinde schickte keines seiner Kinder in die Schule, denn dies hätte Geld gekostet, und er dachte nicht daran, eine Kuh dafür zu verkaufen.

«Meine Eltern hatten keine Schule besucht, sie konnten weder lesen noch schreiben und sahen den Sinn von Schulbildung nicht ein. So hütete ich das Vieh, anstatt in die Schule zu gehen. Aber als ich sechzehn Jahre alt war, lernte ich einen englischen Missionar und Lehrer kennen, mit dem ich mich anfreundete. Er lehrte mich Lesen und Schreiben, und anderthalb Jahre lang schickte er mich zur Schule. Weil mein Vater nicht damit einverstanden war, unterrichtete er mich schliesslich bei sich zu Hause. Er unterrichtete mich in Kiswahili und Englisch, und danach meldete er mich für einen Fernkurs an. Ich lernte jeden Abend nach der Arbeit, und nach zwei Jahren machte ich die Abschlussprüfungen der Primarschule, die damals normal sechs Jahre dauerte.»

Unter dem Einfluss von diesem Freund bekehrte sich Yoram

zum Christentum. Er ging zum Gottesdienst in die anglikanische Kirche und war so überzeugt vom neuen Glauben, dass er seine ganze Familie von der Naturreligion zum Christentum bekehrte. «Ich erklärte meinen Eltern und Geschwistern, es gebe einen wahren Gott, dessen Pfad wir folgen sollten, nicht dem Gott, den wir in den Kühen und Ziegen sahen. Die ganze Familie liess sich taufen, die Missionare meinten, mein Vater sei nun alt und habe keinen Wunsch mehr nach weiteren Frauen, so könne er trotz seiner zwei Frauen Christ werden.»

Als Yoram achtzehn Jahre alt war, befand der Vater, es sei nun Zeit, dass er heirate. Wie damals und teilweise noch heute üblich, wählten die Eltern die Frau aus. «Wir kannten das Mädchen, sie lebte bei Verwandten von uns im Dorf, in dem meine Mutter aufgewachsen war. Sie hiess Moren Issa Biringi, sie gefiel mir. Aber so oder so hätte ich mich dem Willen meiner Eltern nicht widersetzen können in unserer damaligen Tradition. Ich akzeptierte ihren Entscheid, ohne zu diskutieren. Wir heirateten traditionell. Moren war die Tochter eines Chefs, der über verschiedene Dörfer herrschte. Er und die Alten des Dorfes haben die Heirat vollzogen. Als Brautpreis habe ich sechsundzwanzig Kühe und sechsundzwanzig Ziegen bezahlt.»

Das junge Paar lebte in einem eigenen Hausteil bei den Eltern. Yoram war erst neunzehnjährig, als 1961 der erste Sohn geboren wurde, den er zu Ehren der Unabhängigkeit seines Landes Jackson Uhuru nannte, «uhuru» bedeutet Freiheit, Unabhängigkeit. Es folgten im Laufe der Jahre ein Dutzend weitere Kinder, insgesamt gebar Moren sechs Buben und sieben Mädchen. Zwei starben schon als kleine Kinder, und drei weitere erkrankten an Aids und starben als junge Frauen.

«Am Anfang unsere Ehe unterstützten uns meine Eltern. 1963 fand ich dann eine Stelle als Bürogehilfe auf der Gemeindeverwaltung von Dodoma. Ich musste die Akten ordnen, Putzarbeiten machen, Briefe abliefern und anderes mehr. Ich verdiente wenig, aber es reichte für uns, und die Arbeit gefiel mir. Nach zwei Jahren kündigte ich, weil sie mich versetzten. Ich sollte Strassen wischen, das mochte ich nicht, da arbeitete ich lieber wieder auf dem Feld und hütete das Vieh. 1970 suchte ich dann erneut Arbeit und fand eine Stelle als Vorarbeiter im Strassenbau. Es war ein privates Baugeschäft, das im Auftrag des Staates Strassen baute, Naturstrassen aus Kies und roter Erde. Ich musste Buch darüber führen, wer wie viele Stunden arbeitete und wie viele Haufen Kies oder Erde die Lastwagen anlieferten und die Arbeiter verteilten.»

So lange Yoram in der Region Dodoma arbeitete, ging er mit dem Fahrrad zur Arbeit. Er hatte 1974 sein eigenes Haus am Stadtrand von Dodoma gebaut, um einen kürzeren Arbeitsweg zu haben. «Am Arbeitsplatz habe ich Autofahren gelernt, ich kann auch Lastwagen fahren», erzählt er vergnügt. «Nach der Arbeit bat ich jeweils den Chauffeur, mich draussen im Busch ein wenig zu unterrichten, und so lernte ich es. Ein Auto hatte ich jedoch nie. Heute gehe ich zu Fuss, wegen meiner schlechten Augen ist das Fahrradfahren zu gefährlich für mich.»

Zeitweise waren die Baustellen Hunderte von Kilometern entfernt in den Regionen Singida und Dar es Salaam, und Yoram musste dort wohnen, während die Familie in Dodoma blieb. «Das war kein Problem, wenn meine Frau Geld brauchte, konnte sie zum Arbeitgeber in Dodoma gehen. Von dort konnte sie mich auch anrufen, wir telefonierten ab und zu. Ich kehrte oft nach Hause zurück, so alle zwei Monate.»

Siebzehn Jahre arbeitete Yoram auf dem Bau, auch Häuser und Schulen half er bauen. Dann starb der Arbeitgeber, und dessen Frau konnte das Geschäft nicht allein weiterführen. Yoram fand eine temporäre Arbeit als Wächter in einem Holzhandelsbetrieb. «Ich arbeitete abwechslungsweise Tag- und Nachtschicht. Nachts war ich allein im Areal, zunächst fürchtete ich mich ein wenig in der Nacht, aber da in der Nachbarschaft ein Bierdepot, viele Läden und Büros und auch eine Bank waren, die alle von Wächtern bewacht wurden, war es kein grosses Problem für mich, ich fühlte mich nicht wirklich allein. Ich arbeitete jeweils drei Monate am

Stück, dann musste ich Pause machen, denn ab vier Monaten hätten sie mich fest anstellen müssen. Nach insgesamt acht Monaten als Wächter fragte mich die Witwe meines früheren Arbeitgebers an, ob ich für sie im Garten und in den Reben arbeiten wolle. Da es für die Reben einiges an Wissen braucht, schickte sie mich zunächst drei Monate nach Makutupora, etwa hundert Kilometer von Dodoma entfernt, wo die Armee eine landwirtschaftliche Ausbildungsstätte mit Weinbau hat. Nach dem Kurs pflegte ich den Weinberg und den Garten der Witwe, aber schon nach kurzer Zeit hatte sie kein Geld mehr, um mir den Lohn zu bezahlen.»

Yoram Lusinde arbeitete darauf wieder ein paar Monate bei seinen Eltern, die alt und schwach geworden waren. Er baute ihnen ein neues Haus, das bestehende war am Zerfallen. Eines Tages kam ein Freund vorbei und erzählte, ein Schwede suche einen Nachtwächter. «Ich ging mich vorstellen, und er stellte mich sofort ein, es war der 6. August 1989. Er baute ein Haus auf dem Land, auf dem ich früher ein Feld bearbeitet hatte, es war Land der Gemeinde, und ich hatte es nutzen können, solange es nicht als Bauland verkauft war. Ich bewachte den Bauplatz des Schweden nachts und leistete ein bisschen Handlangerarbeit. Es spielte keine grosse Rolle für mich, dass ich jede Nacht arbeiten musste, Hauptsache, wir hatten wieder ein Einkommen. Da ich das Doppelte des staatlichen Minimallohnes erhielt, war auch meine Frau zufrieden.»

Als das Haus des Schweden fertiggestellt war, arbeitete Yoram mit einem Kollegen zusammen als Wächter. Yoram hat nie eine Schusswaffe gehabt, aber er schützt sich mit einer Machete, einer Holzkeule, Pfeil und Bogen, und natürlich hat er eine Trillerpfeife wie jeder Wächter. In den zwanzig Jahren, die er nun schon als Wächter arbeitet, hat es zum Glück keine schlimmen Zwischenfälle gegeben. «Eines Nachts, als wir noch zu zweit waren, hörten wir Geräusche bei der Hintertüre, die in die Küche führt. Mein Kollege sah jemanden im Haus und glaubte, die Diebe seien schon eingedrungen. Er hiess mich, die Hausbewohner zu wecken, er werde den Dieb abpassen, wenn er aus dem Haus komme, und ihn erschlagen. Es zeigte sich dann aber, dass die Diebe sich wieder zurückgezogen hatten, nachdem sie die Türe eingeschlagen hatten, vermutlich, um zu beobachten, ob sich nach dem Lärm jemand rege. Die Person, die der Kollege im Haus gesehen hatte, war der aufgewachte Hausbewohner. Ausser einem zerschnittenen Zaun und einer kaputten Türe war glücklicherweise nichts passiert.»

Auch ein zweiter Einbruchsversuch verlief glimpflich. Yoram entdeckte auf seinen Runden im Garten ein Loch im Zaun und sah vier Männer im Dunkeln ausserhalb der Hecke. Einer sprach ihn an: «Alter, weshalb schläfst du nicht, du drehst seit Stunden deine Runden und störst uns.» Yoram spannte darauf seinen Bogen und schoss eine ganze Serie Pfeile ab. Die Männer flüchteten hinter den nächsten Baum. «Ich hörte darauf einen auf Englisch sagen, hier seien mehrere Wächter, es sei gefährlich. Er dachte wohl, ich verstünde ihn nicht, wenn er Englisch spreche. Jedenfalls verschwanden die Diebe und kehrten nicht mehr zurück.» Noch ein weiteres Mal entdeckte Yoram, dass die Hecke aufgeschnitten worden war, diesmal am Tag, aber es fehlte nichts. Nur einen kleineren Verlust gab es einmal, als er frühmorgens kurz einen Tee trinken ging in einem Café in der Nähe, weil der Ablösedienst sich verspätet hatte. Als er zurückkam, entdeckte er im feuchten Erdboden im Garten Fussspuren von jemandem ohne Schuhe, und als er das Blumengiessen fortsetzten wollte, fehlten die Wasserhahnen an allen drei Wasserstellen im Garten.

Als Yorams Arbeitgeber einen neuen zweiten Wächter suchte, stellte er Yorams Sohn James an, der schon ab und zu beim Heckenschneiden geholfen hatte. «Er war noch sehr jung und ich führte ihn drei Monate in die Arbeit ein. Ich trichterte ihm ein, dass er nachts nicht schlafen dürfe, denn erstens müsse er den Besitz seiner Arbeitgeber und des Hausbesitzers schützen und zweitens sein eigenes Leben. Sollten einmal Diebe eindringen, müsse er sofort zuschlagen, egal womit, denn wenn er nicht der Erste sei, könnten sie ihn umbringen.» Bei skrupellosen Verbrechern sind die Wächter die Ersten, die um ihr Leben bangen müssen. Öfters sind aber eher harmlose Gelegenheitsdiebe unterwegs. Dies erfuhr James, als er nach einem Nickerchen in der Nacht bei der nächsten Runde sein Fahrrad nicht mehr fand. Ein sorgfältig geöffnetes Loch im Maschenzaun zeigte, wie die Diebe gekommen und gegangen waren, während er auf der anderen Seite des Hauses geschlafen hatte.

Yoram ist inzwischen siebenundsechzig Jahre alt. Auf die Frage, ob die Arbeit für ihn nicht langsam zu beschwerlich sei, antwortet er lachend: «Auf diese Frage kann ich nicht antworten, sonst müsste ich ja kündigen! Es ist klar, dass mit den Jahren die Kräfte schwinden, in Tansania nennt man einen Mann ab sechzig Jahren ‹mzee›, alter Mann, aber ich fühle mich noch kräftig und in Form.»

Yoram ist weiterhin auf ein Einkommen angewiesen, er hat keinen Anspruch auf Rente, und selbst wenn er einen hätte, könnte er nicht davon leben. Geerbt hat er auch nichts. Zusammen mit seinen beiden Schwestern sorgte er für seine alten Eltern bis zu deren Tod in den Jahren 1989 und 1992. Von den vielen Kühen, die sein Vater besessen hatte, hatten nach einer langen Trockenperiode nur dreissig überlebt, und diese wurden später noch gestohlen. «Wir müssen uns mit dem zufrieden geben, was uns Gott gibt», kommentiert Yoram gelassen, «wenn er entschieden hat, uns gewisse Dinge nicht zu geben, müssen wir sie nicht um jeden Preis wollen. Ich habe keine grossen Wünsche, nur ein etwas schöneres Haus und gute Gesundheit. Aber in einem gewissen Alter gehört es zur Natur des Menschen, auch krank zu sein.» Yoram hat zwei Augenoperationen hinter sich, die nicht sehr erfolgreich waren, und manchmal hat er Probleme mit dem Blutdruck, aber sonst ist er in mancher Hinsicht robuster als seine Söhne.

Anders als sein eigener Vater schickte Yoram alle seine Kinder in die Schule. Sie konnten die obligatorischen sieben Jahre Primarschule besuchen, zu mehr reichte es nicht, keines schaffte die Prüfung für einen der raren Plätze in der öffentlichen Mittelschule. Die Privatschule, die in Tansania für sehr viele Schulkinder eine Alternative ist, war zu teuer. Einige Söhne haben es später zum «fundi», zum Handwerker, gebracht, andere machen Taglöhnerarbeit, und die Töchter heirateten. Der Zweitjüngste, James, begann mit einer kleinen Velowerkstatt, wie sie hier überall am Strassenrand zu sehen sind, bestehend aus ein paar Werkzeugen, Flickstücken aus alten Reifen und einem Kübel Wasser, um die Löcher in den Pneus zu finden. Später arbeitete er zusammen mit seinem Vater als Wächter im Haus des Schweden. Als wir im Jahr 2006 dieses Haus bezogen, übernahmen wir mit dem Haus auch die Angestellten Yoram und seinen Sohn James.

Seit Jahrzehnten engagiert sich Yoram in der Partei. Er trat 1962, gleich nach der Unabhängigkeit, der damaligen Einheitspartei TANU (Tanganyika African National Union) bei und ist bis heute Mitglied der Nachfolgepartei CCM (Chama cha Mapinduzi). Er erinnert sich lebhaft und mit leuchtenden Augen an den Tag der Unabhängigkeit von Tanganyika, den 9. Dezember 1961. «Ich ging wie so viele an die Feier im Sportstadion. Als die britische Fahne hinuntergezogen und die von Tanganyika gehisst wurde, hatten viele Menschen Tränen in den Augen. Wir applaudierten und sangen patriotische Lieder.»

Was für Veränderungen sind ihm aus der Zeit nach der Unabhängigkeit in Erinnerung geblieben? «Es setzte eine starke Entwicklung ein, die Menschen veränderten sich. Während sich zuvor viele nur mit Tüchern bekleidet hatten und die Frauen die nackten Brüste nicht bedeckten, begannen die Leute nun Kleider zu tragen. Auch die Körperpflege wurde wichtiger und die Regierung baute Schulen und Spitäler, die Kinder mussten jetzt zur Schule. Vor der Unabhängigkeit sah man auch keine Einheimischen auf Fahrrädern, geschweige denn mit eigenem Auto, jetzt sah man plötzlich Velo- und Autofahrer.»

Yoram hat auch die schwierigen Zeiten in seinem Land miterlebt. «1974 wurde der Bau der Ujamaa-Dörfer vorangetrieben, aber der sozialistische Traum erwies sich als sehr problematisch. Oft war die Infrastruktur in diesen Dörfern nicht bereit, wenn die

Leute aus ihren zerstreuten Höfen in ein Ujamaa-Dorf umsiedeln mussten. Strassen, Wasser und Schulen fehlten. Es gab genaue Vorschriften, wie viele Häuser jemand bauen und wie viele Hektaren Land er bewirtschaften durfte, niemand durfte reich werden, alle sollten gleich sein. Die gesamte Ernte musste gemeinsam in den grossen Silos der Ujamaa-Dörfer gelagert werden. Es gab viel Unzufriedenheit ob all dieser Vorschriften.

Hier in der Stadt Dodoma hat sich wenig geändert, ich konnte bleiben, wo ich war, aber im Norden bei Arusha hatten sie zum Teil grosse Probleme mit den Zwangsumsiedlungen. Wer auf fruchtbarem Boden lebte, hatte kein Interesse, in ein Ujamaa-Dorf mit schlechterem Boden zu ziehen. Doch es war ein Befehl der Regierung, er musste befolgt werden. Später zogen manche Leute wieder an ihren alten Ort zurück. Gut war hingegen, dass es Nyerere gelungen ist, die Tansanier zu vereinigen. Ich vom Stamm der Wagogo kann beispielsweise ohne Probleme eine Frau vom Stamm der Wahehe heiraten oder eine Skuma, was in Kenya schwieriger ist. Und wir haben alle das Kiswahili als gemeinsame Sprache, neben den weit über hundert Stammessprachen, die es gibt, und können uns verständigen.»

Julius Nyerere trat 1985 als Staatspräsident zurück. «Manche Leute begrüssten den Rücktritt von ‹mwalimu Nyerere›, unserem Lehrer und Vater der Nation, andere bedauerten ihn. Ich akzeptierte seinen Entscheid, ich empfand ihn nicht als schlecht, und ich war neugierig, was die neue Regierung bringen würde.» Und was hat sie gebracht? «Das Fernsehen», meint er lachend, «vorher durften die Tansanier kein Fernsehen schauen. Sein muslimischer Nachfolger Ali Hassan Mwinyi hat den Andersgläubigen auch offiziell erlaubt, Schweinefleisch zu essen. Nyerere, der Katholik, hatte es nicht verboten, aber auch nicht explizit erlaubt. Es gab in manchem eine Liberalisierung.»

Die ökonomische Liberalisierung hat Tansania nicht den erhofften Aufschwung gebracht. Zusammen mit dem Rest der Welt schlittert das Land zurzeit in die globale Krise hinein. Eines Nachmittags im Juni 2009, während der Parlamentssession in Dodoma, bringt Yorams Frau ihm eine Einladungskarte an den Arbeitsplatz: Staatspräsident Jakaya Kikwete lädt die alten Parteimitglieder von Dodoma zu einer Versammlung ein, zusammen mit Parlamentsmitgliedern. Ob er gehen dürfe, will er wissen? Am nächsten Tag berichtet er von diesem Grossanlass, bei dem ein ganzes Fussballfeld mit staatlichen Landcruisern überstellt war. «Kikwete hat uns über die globale Wirtschaftskrise und deren Auswirkungen auf Tansania informiert. Beispielsweise konnte die im letzten Jahr geerntete Baumwolle nicht auf dem Weltmarkt verkauft werden und lagert noch immer in den Lagerhäusern, und dieses Jahr wird es dasselbe sein. Auch beim Kaffee und den Edelsteinen gibt es Absatzschwierigkeiten. Der Präsident versprach, die Regierung werde Ware aufkaufen, aber es wird trotzdem wirtschaftliche Probleme geben, und manche Betriebe werden schliessen müssen. Kikwete zählt auf uns Alte, dass wir dies den Jungen erklären, damit sie nicht Unruhen provozieren. Er versicherte uns auch, dass es in Dodoma in diesem Jahr Mais zu erschwinglichem Preis geben werde, dass wir nicht hungern müssten, obwohl hier und in mehreren anderen Regionen die Ernte wegen zu wenig Regens vertrocknete.»

Seit Ende 2008 ist Yoram als Parteimitglied Quartiervorsitzender. Er wurde vom Vorstand vor einem halben Jahr ad interim als Vorsitzender bis zum Ende der fünfjährigen Legislaturperiode gewählt, nachdem der Vorgänger verstorben war. Zusammen mit sechs Vorstandsmitgliedern kümmert er sich um die Probleme der rund neunhundert Familien seines Quartiers. «Wenn es Konflikte gibt, muss ich zwischen den Konfliktparteien vermitteln, und wenn es Sicherheitsprobleme gibt, einen Diebstahl oder Ähnliches, muss ich die Polizei informieren. Mit dem raschen Wachstum von Dodoma ist die Sicherheitssituation schlechter geworden in der Stadt, und die Polizei hat uns angehalten, nachts im Haus zu bleiben und eine Wache die Runde machen zu lassen. Zu meinen Aufgaben gehört auch, bei den Leuten Gebühren einzuziehen. Die Arbeit als

Quartiervorsitzender wird nicht entlöhnt, nur wenn ich Gebühren sammle, kriege ich einen kleinen Prozentsatz davon.»

Im Herbst 2009 sind Wahlen, aber Yoram will sich nicht als Kandidat für den Quartiervorsitz aufstellen lassen. «Für einen Mann meines Alters ist es harte Arbeit. Zum Glück habe ich einen jungen, tüchtigen Sekretär, der mir hilft und mich vertritt, wenn ich an der Arbeit bin. Aber wir haben immer wieder Probleme mit jungen Leuten, die zu viel ‹pombe› trinken, das selbstgebraute Bier, dann gibt es Streit und Schlägereien. Deshalb will ich mich nicht mehr wählen lassen, aber ich werde als Vorsitzender der Alten eine Art Berater bleiben.»

Am 25. Oktober finden die lokalen Wahlen statt, ein Jahr vor den nationalen Wahlen. Ich frage Yoram in der darauffolgenden Woche, wie sie in seinem Quartier ausgegangen seien. Er lacht und meint: «Ich wollte nicht mehr Vorsitzender sein, aber sie haben mich gebeten, weiterzumachen, und ich wurde gewählt, so mache ich eben diese Arbeit noch ein wenig länger.»

Yoram ist ein liebevoller Vater und Grossvater und hat sich durch all die Jahrzehnte, trotz der vielen Todesfälle in seiner Familie, trotz harter Arbeit und äusserst karger Lebensweise, eine herzerwärmende Fröhlichkeit bewahrt. Er macht sich nicht unnötige Sorgen für die Zukunft, aber er macht sich doch Gedanken. «Wir können nicht alles in den Händen Gottes lassen, wir müssen selbst versuchen, die Probleme zu lösen.» Pragmatisch, wie er ist, hat er ein kleines Feld gepachtet, gerade gross genug für seine Familie, und mit Mais bepflanzt, als die Maispreise rasant zu steigen begannen.

Tansanische Patchworkfamilie

Kürzlich klingelte eine junge, hübsche Frau am Gartentor und fragte nach «babu Yoram», unserem Gärtner und Wächter, der gerade zum Arzt gegangen war. Sie redete aufgeregt und ziemlich schnell auf mich ein, ich verstand nur die Hälfte, aber immerhin so viel, dass sie die Frau von James – dem Sohn von Yoram – sei und dass ihr Kind krank sei und sie Geld brauche. Sie erwähnte Penina und Neema, Namen, die mir nichts sagten. Ich erklärte, ich kenne James' Frau, sie heisse Happy und ihre Tochter Elizabeti. Wieder prasselte ein Schwall Worte auf mich ein, und ich verstand, sie sei die erste oder zweite Frau und die Mutter des Kindes, das gestorben sei. Welche Konfusion! Ich holte mein Handy und rief James an, ob er eine Mama Penina kenne? Nach einigem Stocken meinte er: «Ja, ich komme.» Erleichtert sagte ich dies der jungen Frau, sie war aber nicht zufrieden und meinte, er solle zum Spital kommen, nicht hierher. Also telefonierte ich nochmals, diesmal reichte ich ihr das Handy durchs Tor. Sie sprach mit James, gab mir das Handy zurück und eilte davon.

Das Rätsel löste sich wenig später, als Yoram zurückkam. Ich hatte bisher geglaubt, James habe mit Happy drei Kinder, von denen letztes Jahr eines an einem Schlangenbiss gestorben war. Nun erfuhr ich, dass Atu, so hiess die junge Frau, die erste Frau von James war, mit der er zwei Kinder hatte, von denen das ältere, Neema, letztes Jahr starb. Penina, das jüngere Kind, lebt seit letztem Sommer bei Yoram und seiner Frau, den Grosseltern. «Atu wollte nicht, dass Penina bei James und seiner neuen Frau lebte», erklärte mir Yoram, «aber Atu arbeitet nachts in einer Bar und liess die Kleine allein zu Hause, so haben wir sie zu uns genommen. Atu machte James das Leben schwer, sie brachte ihn sogar ins Gefängnis, weil er ihr kein Geld gab. Darauf trennte er sich von ihr.»

Zwei Stunden später standen Atu, James, die kleine Penina und die Grossmutter vor dem Tor unseres Hauses, alle zurück vom Spital, mit den Medikamenten für Penina. Die Dreijährige, ein süsses, dralles Mädchen im zitronengelben Spitzenröcklein, versteckte sich hinter den Beinen des Grossvaters, sie hatte noch nie eine Weisse aus der Nähe gesehen. Ich brachte ihr Wasser, Weinbeeren und Nüsse, sie blinzelte schüchtern hinter den Hosenbeinen hervor und strahlte, als ihr der Vater das Zellophansäcklein gab. James setzte sie auf den Gepäckträger seines Velos, wo sie sich irgendwie festkrallte, und fuhr mit ihr zum Haus der Grosseltern.

Auf diese Weise habe ich nach über zwei Jahren die Patchworkfamilie von James kennengelernt. Komplizierte Familienverhältnisse sind hier mindestens so häufig wie in Europa, und Kinder werden oft im grossen Familienverband herumgereicht, so wie es gerade am günstigsten erscheint.

Susan Lyaro (Kimangano)
Geboren 1959 in England

«Wer Schuhe trug, wurde von den anderen Kindern schief angeschaut»

«Ich war ein Kind ‹from Europe›, sprach Englisch und lernte erst mit dem Kindermädchen in Nzega Kiswahili.» Die klein gewachsene Susan Lyaro mit den dunklen Kulleraugen erklärt mir lebhaft, warum sie anders war als ihre gleichaltrigen Kindergartenkameraden und weshalb ihre Mutter sie lieber Leuten anvertraute, die auch in Europa oder Amerika gelebt hatten, anstatt den ländlichen Verwandten aus der Region Kilimanjaro. Die Mutter war Mitte der 1950er-Jahre mit einem Regierungsstipendium von Tansania nach England geschickt worden, um sich dort zur Krankenschwester auszubilden. 1959 gebar sie Susan. Der Vater war ein tansanischer Medizinstudent, der ebenfalls in England studierte. Es war keine glückliche Bekanntschaft zwischen Susans Mutter, Joceline Kimangano, und dem Mann, den die Tochter nie kennenlernte.

Als Susan vierjährig war, kehrte die Mutter mit ihr nach Tansania zurück. Die Regierung wies der diplomierten Krankenschwester eine Stelle im Distriktskrankenhaus von Nzega, in der Region Tabora, zu. Dort machte die kleine Susan ihre ersten Afrika-Erfahrungen. Sie erinnert sich fast nur noch an Beängstigendes.

«Ich war eine schlechte Esserin, und eines Abends schloss mich meine Mutter entnervt zur Strafe aus dem Haus aus. In der Ferne hörte ich das Heulen von Hyänen. Erschreckt rannte ich zur Hintertür, aber auch diese war verschlossen, ich schrie und weinte, bis mich meine Mutter wieder einliess.»

Einige Zeit später, als Susan an einem Sonntag mit der Mutter von der Kirche heimwärtsging, trafen sie auf eine Ansammlung von Menschen, die ins Gras starrten. Susan drängte sich zwischen den Beinen der Leute durch und sah zu ihrem Entsetzen einen

Toten im Gras liegen, dessen Gesicht von einer Hyäne teilweise weggefressen war.

«Eine andere schlimme Erfahrung war, als meine Mutter mir nicht glauben wollte, dass an einem bestimmten Tag kein Unterricht war in Schule und Kindergarten. Sie schickte mich trotzdem mit dem Kindermädchen los, und dieses begleitete mich wie üblich bis zu einer bestimmten Stelle, von wo ich allein in den Kindergarten ging. Aber dort war nur der Wächter, es fand kein Unterricht statt, ich hatte nicht gelogen. Ich tröstete mich, ich würde den Heimweg schon allein finden. Doch dann kam mir eine Kuhherde entgegen, und die in meinen Augen riesigen Tiere erschreckten mich derart, dass ich laut schrie. Leute, die ganz in der Nähe wohnten, hörten mich und nahmen mich zu sich. Dort wartete ich auf der Veranda, bis das Kindermädchen zur üblichen Zeit vorbeikam, um mich am vereinbarten Ort abzuholen. Ich rief ihr von Weitem zu, und sie wunderte sich, was ich bei den fremden Leuten machte.»

Vergnüglich waren hingegen für die kleine Susan die Picknicks mit Freunden der Mutter, meist europäische Ärzte aus dem Spital, in dem sie arbeitete. «Wir kletterten auf die grossen Granitblöcke, die bei Nzega in der Landschaft herumstehen, und assen dort oben das mitgebrachte Essen. Meine Mutter behielt den europäischen Lebensstil mit Sonntagsausflügen und Picknick auch in Tansania bei.»

Nach zwei Jahren in Nzega liess sich Susans Mutter nach Moshi versetzen, um näher bei ihrer Verwandtschaft zu sein. Dort kam 1964 Susans Halbbruder Peter zur Welt. Die Mutter lebte weiterhin allein mit den Kindern und Hausangestellten und arbeitete als Krankenschwester. Da es damals noch keine Schwesternschule gab in Tansania, wurden ein paar Krankenschwestern ausgewählt, in Australien den Fähigkeitsausweis zum Unterrichten zu erwerben. Susans Mutter gehörte dazu. Diese Berufschance wollte sie sich nicht entgehen lassen, auch wenn es bedeutete, sich für ein ganzes

Jahr von den beiden Kindern, die nur gerade ein paar Monate und fünf Jahre alt waren, zu trennen und sie in fremde Betreuung zu geben. Das Baby brachte sie ins Waisenhaus der Lutherischen Kirche bei Arusha und Susan ins katholische Internat in Lushoto in der Region Tanga.

Susan hatte starkes Heimweh und fand das Internat in den Bergen mit den katholischen Schwestern schlimm. Doch im Nachhinein zeigt sie Verständnis für die Wahl der Mutter: «Mama erzog mich auf eine Weise, die es für meine Verwandten schwierig machte, mit mir zurande zu kommen, ich war zu europäisch, zu ‹sophisticated›. Sie vertraute mich lieber dem europäisch geführten Internat an. Die Oberaufsicht über meinen Bruder und mich übertrug sie ihrem Vater, meinem Grossvater, aber er besuchte mich nie, das Internat war zu weit weg. Er war Bauer in Marangu in der Region Kilimanjaro und zudem Berater des lokalen Chagga-Chefs, somit war er sehr respektiert in unserem Stamm. Von seinen zwölf Kindern, die ihm seine zwei Frauen geboren hatten, konnte er drei für Studien nach England und in die USA schicken, dies erhöhte ebenfalls sein Ansehen.»

Für die ersten Schulferien holte eine Freundin der Mutter Susan aus dem Internat. Doch sie war nicht glücklich bei ihr und wollte in den nächsten Ferien lieber im Internat bleiben, zusammen mit ein paar wenigen Kindern, die nicht nach Hause konnten. «Es gibt ein Foto von mir aus der Zeit bei Mutters Freundin. Sie schickte es meiner Mutter nach Australien. Auf diesem Foto sieht man mir an, wie unglücklich ich mich fühlte. An den Tag, als meine Mutter mich abholte, erinnere ich mich ganz genau. Wir Kinder waren auf dem Vorplatz, bereit für den täglichen Abendspaziergang, als sich ein Auto näherte. Da die Strasse nur bis zum Internat führte, konnte es einzig der Priester sein oder ein Besuch. Alle rannten zum Ausgang, neugierig, wer da kam. Plötzlich hörte ich eine Stimme ‹Susan!› rufen. Ich erstarrte. Meine Mutter stieg aus dem Auto, in einem crèmefarbenen Kleid mit rundem Kragen. Sie breitete ihre Arme aus und ich rannte auf sie zu. Dies war das Ende meiner Qualen, ich hatte Mama während dieses Jahres so sehr vermisst!»

Die nächste Station für Susan war Dar es Salaam, wo Joceline Kimangano in der neu eröffneten Schwesternschule unterrichtete. Die kleine Familie bewohnte eine Wohnung auf dem Schulgelände. Susan durfte monatelang zu Hause bleiben, zusammen mit ihrem kleinen Bruder Peter und betreut von einem Kindermädchen und einem Hausboy, wie schon zuvor in Nzega und Moshi. Die Mutter suchte nach einer geeigneten Schule für die Tochter und fand sie schliesslich in Mpapwa in der Region Dodoma, wo einer ihrer Brüder an der Mittelschule für Knaben unterrichtete. Der Bruder und seine Frau hatten beide Ausbildungen in den USA gemacht, und sie hatten zwei kleine Kinder, dies schien der Mutter ein geeignetes Umfeld für Susan.

«Mein Onkel meldete mich als sein eigenes Kind in der Primarschule in Mpapwa an. Deshalb trage ich seither den Namen Lyaro, den Familiennamen meines Onkels und meines Grossvaters, während meine Mutter dessen Vornamen Kimangano zu ihrem Familiennamen gemacht hatte, wie dies in Tansania oft der Brauch ist. In der Familie meines Onkels und in der Dorfschule fühlte ich mich wohl. Um nicht aufzufallen und von den einheimischen Kindern akzeptiert zu werden, zog ich auf dem Schulweg jeweils die Schuhe und Socken aus, denn die meisten Kinder kamen barfuss zur Schule. Wer Schuhe trug, wurde von den anderen Kindern schief angeschaut und konnte nicht mit ihnen spielen. Auf dem Heimweg zog ich die Schuhe wieder an. Eines Tages hatte ich ein Ungeziefer im Fuss, einen dieser kleinen Würmer, die sich ins Fleisch bohren und sich dort ausbreiten. Meine Tante sah die schwarze Schwellung und untersuchte meinen Fuss. So entdeckte sie, dass ich barfuss gegangen war. Sie verbot mir, weiterhin die Schuhe auszuziehen, aber ich tat es trotzdem. Ich betete zu Gott, dass ich keinen Wurm mehr erwischte, und geschah es trotzdem, entfernte ich ihn selbst oder bat jemanden, mir zu helfen.»

Susan besuchte in Mpapwa die zweite und dritte Klasse, sie war eine gute Schülerin und lernte leicht. «Mein Schulkollege Patrick und ich belegten immer die zwei ersten Plätze in der Klasse, einmal war er der Beste, einmal ich, es war ein richtiger Wettbewerb zwischen uns. Für die vierte Klasse holte mich meine Mutter wieder nach Dar es Salaam zurück und schickte mich in die Privatschule der Aga-Khan-Stiftung. Die Unterrichtssprache war Englisch wie damals in allen Schulen, auch den öffentlichen, erst 1972 wurde Kiswahili als Unterrichtssprache für die Primarschulen eingeführt. Vorher war Kiswahili nur ein Sprachfach.»

Zu Hause fand Susan überraschend ein kleines Ding, das die Wohnung unsicher machte: ihre zweijährige Schwester. «Meine Mutter fragte mich, ob ich sie möge. Was sollte ich sagen? Ich hatte keinen Grund, sie zu hassen. Und wie ich sie nennen möchte? Ich antwortete, sie habe bestimmt schon einen Namen. Sie behauptete, nein, und so sagte ich, sie solle sie Margrit nennen wie meine Freundin. Doch dann kam die Mutter des Vaters meiner Schwester auf Besuch, und diese wollte, dass ihre Enkelin ihren Namen trage, so wurde sie Maria getauft. Dann bekam sie noch den Kiswahili-Namen Ikunda, und meine Margrit verschwand. Das war eine herbe Enttäuschung für mich. Ich hatte als Kind sowieso das Gefühl, meine Mutter liebe mich weniger als meine Geschwister, weil sie mich immer wieder wegschickte. Da ich so viel weg war, nannten die Leute Mama nicht ‹mama Susan›, nach dem erstgeborenen Kind, wie es normal gewesen wäre, sondern ‹mama Peter›.»

Die vielen Abwesenheiten von Susan führten dazu, dass sie kein sehr enges Verhältnis zu ihren Geschwistern hatte. Vor allem der Bruder fühlte sich in seiner Position bedroht, wenn sie für Ferien nach Hause kam. «Mama sah mich als grosse Schwester, die den kleinen Bruder beschützen sollte, aber Peter wollte dies nicht, er wollte seine Freiheit. Wenn er beim Spielen von den Kameraden geschlagen wurde, wollte er nicht, dass ich eingriff. Unser Verhältnis war nie sehr gut. Auch heute, wo er ein erwachsener Mann mit

Familie ist, mag er es nicht, wenn ich sage, was ich denke über Dinge, die er tut, oder auch nur frage, weshalb er dies oder jenes mache. Er hat einen ganz anderen Lebensstil als ich, er trinkt gerne Bier in den Bars und vergnügt sich mit Frauen. Mit meiner kleinen Schwester hingegen habe ich kein Problem, wir waren immer füreinander da und akzeptieren einander. Sie ist freundlich, bescheiden und macht niemandem das Leben schwer. Sie lässt auch meinen Bruder in Frieden, selbst wenn sie nicht alles gutheisst, was er tut.»

Joceline Kimangano heiratete auch den Vater ihres dritten Kindes nicht, obwohl er und seine Familie dies offenbar gewünscht hätten. Die Mutter erklärte Susan viel später, sie habe befürchtet, er würde vielleicht die beiden Kinder von anderen Vätern weniger gut behandeln als das eigene. Sie habe deshalb beschlossen, nie zu heiraten, auch einen späteren Heiratskandidaten habe sie der Kinder wegen abgelehnt, sie habe sich für ihre Kinder aufgeopfert.

Über ihren Vater hat Susan fast nichts erfahren. Offenbar wollte die Frau, die ihr Vater später heiratete, jeden Kontakt mit seinem unehelichen Kind und dessen Mutter verhindern. Jedenfalls habe die Mutter kaum und wenn überhaupt nur mit grosser Bitterkeit über den Vater gesprochen. «Wenn ich etwas machte, das sie nicht gut fand, sagte sie jeweils: ‹Du bist dumm wie dein Vater!› Da alles, was meinen Vater betraf, ein heikles Thema war, wollte ich meine Mutter nicht mit Fragen plagen, obwohl ich neugierig war und gern mehr gewusst hätte. Aber ich vermisste ja nichts, ich war gut ernährt, gut gekleidet und gut aufgehoben. Als ich viel später Freundinnen meiner Mutter, die mit ihr in England gewesen waren, nach meinem Vater fragte, waren diese sehr zurückhaltend, wohl weil sie mir nicht Dinge sagen mochten, über die meine Mutter nicht sprechen wollte. Aber eines Tages werde ich vielleicht auf Umwegen mehr über ihn erfahren, ich weiss, dass er aus der Region Tabora stammt und nach seiner Rückkehr Arzt in Dar es Salaam war. Als ich noch nicht zwanzig war, erfuhr ich zufällig aus einem

Gespräch meiner Mutter mit einer Freundin, dass mein Vater bereits gestorben war.»

Kinder, die ohne Vater aufwachsen, gibt es in Tansania sehr viele. Trotzdem fühlte sich Susan öfters unwohl in der Schule, wenn von den Eltern die Rede war und sie nur von einem Elternteil erzählen konnte. «Selbst jetzt, als Erwachsene, berührt es mich manchmal unangenehm, wenn jemand fragt, weshalb ich nur von den Verwandten mütterlicherseits erzähle. Alleinerziehende Mutter zu sein, ist eine Herausforderung, das erlebe ich jetzt selbst mit meiner Tochter, die ich auch allein aufziehe. Es kommt darauf an, ob der Vater des Kindes Kontakt mit ihm pflegen will oder nicht. Mein Vater entzog sich diesem Kontakt. Ich empfinde es als Mangel an Verantwortungsbewusstsein, wenn ein Mann nicht dazusteht, dass er ein aus" schwierige Situation für die es nicht verantwortlich ist. Meine Tochter hat das Recht, Kontakt zu ihrem Vater zu haben, er willigte ein und ich stelle mich nicht dazwischen, wenn die beiden sich sehen wollen.»

Als Susan in der fünften Klasse war, zog die ganze Familie von Dar es Salaam in die ehemals bekannte Hafenstadt Tanga um, denn die Mutter übernahm dort 1970 die Leitung der neu eröffneten Schwesternschule. Während der Kolonialzeit hatte es im gleichen Gebäude bereits eine Schwesternschule gegeben, aber als die Engländer 1961 nach der Unabhängigkeit weggingen, wurde sie geschlossen. Nun wurde sie unter tansanischer Leitung neu eröffnet. Gut vier Jahre lebte Susan mit Mutter und Geschwistern in Tanga, es war eine glückliche Zeit. Sie schloss in der dortigen indischen Schule die sieben Jahre Primarschule ab und besuchte die ersten zwei Mittelschulklassen. Danach kam sie für zwei Jahre ins Internat nach Mbeya.

«Eine kleine Schwester meiner Mutter war schon länger in dieser Schule in Mbeya, sie hatte mehrere Klassen repetiert, so war sie nicht viel weiter als ich, obwohl sie älter war. Ich kam in den gleichen Schlafsaal wie sie, und sie beschützte mich, niemand konnte mich als Neuling plagen. Deshalb fühlte ich mich wohl dort. Zudem ist Mbeya eine sehr fruchtbare Gegend im südlichen Hochland mit einem angenehmen Klima. Wir wurden gut ernährt, morgens gab es Porridge mit viel Milch und Bananen, mittags Maisbrei mit Bohnen oder Kohl, abends Reis oder Kartoffeln mit Fleisch, Bananen und oft Avocados und viele Früchte. Es war eine gute Zeit. Aber nach zwei Jahren wurde ich nach Tabora versetzt, weil meine Spezialfächer, Geschichte und Englisch, in den zwei obersten Mittelschulklassen in Mbeya nicht unterrichtet wurden. Zum Glück kamen mehrere Klassenkameradinnen mit mir nach Tabora.»

In Tabora war auf einer Seite der Strasse die Mädchenmittelschule, auf der anderen die Knabenmittelschule, beides renommierte militärische Mittelschulen. Schülerinnen und Schüler trugen Militäruniformen, und vor dem Unterricht gab es militärische Paraden. Gleichzeitig wie Susan war ein Sohn von Staatspräsident Julius Nyerere in der Mittelschule in Tabora, wie Jahrzehnte früher bereits sein Vater. «Es gab zu unserer Zeit Debattierclubs in der Schule, wir diskutierten über aktuelle politische Themen und über europäische Geschichte, die wir in der Schule behandelten. Schülerinnen, die gut Englisch sprachen, wurden jeweils zu Debatten in die Knabenschule eingeladen und umgekehrt die Knaben in unsere Schule, so habe ich Nyereres Sohn Makongoro kennengelernt. Er war allerdings alles andere als brillant. Trotzdem war er später eine Weile Parlamentsmitglied für eine Oppositionspartei. Heute ist er wieder in der Regierungspartei CCM und regionaler Parteivorsitzender in der Region Mara am Victoriasee, der Herkunftsregion von Nyerere.»

Als Susan die Mittelschule beendet hatte, wollte sie nicht direkt an die Universität gehen. Sie hatte schon in Tanga den Traum gehabt, sich auf Handel zu spezialisieren. Sie beschloss, bevor sie studiere, ein, zwei Jahre in einer Firma zu arbeiten und dann eine Handelshochschule zu besuchen. «Meine Mutter fand mich störrisch, weil ich nicht wie die meisten Klassenkameradinnen Recht studieren wollte. Aber schliesslich wandte sie sich, wenn auch ungern, an Freunde, die mir eine Stelle anboten. Ich kam in die Buchhaltungsabteilung der staatlichen Minengesellschaft in Dar es Salaam. Zunächst konnte ich bei meiner Mutter wohnen, die zu dem Zeitpunkt nicht mehr in Tanga unterrichtete, sondern im Gesundheitsministerium in Dar es Salaam arbeitete. Doch schon bald nach meiner Rückkehr wurde sie vom Ministerium nach Moshi versetzt, um in einem dortigen Tuberkulosespital die Verwaltung zu übernehmen. Meine Geschwister zogen mit ihr nach Moshi, aber ich blieb in Dar es Salaam und wohnte in einem Heim der ‹Young Women Christian Association›. Zwei Jahre lang hatte ich dort ein Zimmer, mitten im Zentrum der Stadt.»

Die Arbeit in der Minengesellschaft war eine gute Vorbereitung für die Handelshochschule in Dar es Salaam, die Susan Lyaro 1983 mit einem Diplom in Marketing abschloss. Sie konnte dank eines Stipendiums studieren. «Der Schulvorsteher hatte mich nach meinem Namen gefragt, als ich mich erkundigte, ob ich ein Stipendium beantragen könne. Als ich sagte, Susan Lyaro, wollte er wissen, ob ich einen Alfred Lyaro kenne, dieser sei in den Vereinigten Staaten an der Universität sein Zimmergenosse gewesen. Der Zufall wollte es, dass dies mein Onkel war, und so erhielt ich das Stipendium ohne Probleme, auch weil ich gute Noten vorweisen konnte und ein selbstsicheres Auftreten hatte, nachdem ich so lange auf eigenen Beinen gestanden hatte.»

Nach Abschluss des Studiums musste Susan Lyaro in den Militärdienst, den «National Service», einrücken. Er war damals für Jungen wie Mädchen, die eine Mittelschule abgeschlossen hatten, obligatorisch. Sie wurde einem Camp bei Arusha zugeteilt, zusammen mit vielen früheren Kolleginnen. «Es war eine sehr harte Erfahrung, wir kamen spät ins Bett und mussten um fünf Uhr früh aufstehen. Noch im Dunkeln mussten wir joggen gehen und danach Feldarbeit und andere Arbeiten leisten. Unbesehen ob wir dünn oder dick, kurz oder lang waren, hatten wir kurze Hosen und ein T-Shirt zu tragen und dies vor den Jungen und erwachsenen Männern. Nach sechs Monaten erhielten wir eine Uniform und wurden für spezielle Dienste eingeteilt. Ich kam in ein Lagerhaus der Armee und war für den Nachschub und die Lagerverwaltung von Kleidern, Nahrungsmitteln und anderem zuständig. Als Absolventin einer Handelshochschule hatte ich eine Ahnung von Lagerhaltung und Buchhaltung. Ich musste nach wie vor morgens früh joggen, aber danach war ich im Büro. Die ersten Monate waren schlimm, aber ich machte mir selbst Mut und sagte mir, es daure ja nur ein Jahr. Und wenn ich dies überlebe, könne mir nichts mehr passieren im Leben! Ich zählte die Tage bis zum Ende des Dienstes. Das Essen war schlecht, aber so wie mir erging es tausend anderen auch. Und mit der Zeit fanden wir Mittel und Wege, uns zwischendurch etwas zu gönnen. Wir befreundeten uns mit Offizieren, die ihre eigenen Unterkünfte mit Küche hatten, und kochten dort ab und zu etwas Feines, dann schmuggelten wir das Essen in unseren Schlafraum, und sobald der Generator abgestellt und das Licht aus war, machten wir unser Picknick. Wenn jemand für einen speziellen Auftrag oder aus medizinischen Gründen in die Stadt musste, gaben wir ihm Geld mit, damit er für uns Brot, Biskuits, Margarine und anderes kaufte. Es gab im Camp auch einen kleinen Laden, wo ‹chapati›, dünne Brotfladen, zubereitet wurden, aber nur Offiziere und jene, die die ersten sechs Monate Dienst hinter sich hatten, durften dort einkaufen. So musste man jemanden beauftragen, wenn man noch nicht selbst dorthin durfte, und dann heimlich essen. Wenn ich Margarine hatte, mischte ich immer ein wenig unter den Bohnenbrei, damit er schmackhafter wurde. Wir mussten einfach erfinderisch sein, um uns das Leben etwas angenehmer zu gestalten und die harten Arbeiten zu umgehen. Wenn man alles so machte, wie es verlangt wurde, war es zu hart!»

Im Jahr, in dem Susan Lyaro den National Service absolvierte, trat Julius Nyerere als Staatspräsident zurück. Sie war mit ihren Dienstkameraden und -kameradinnen zur Abschiedsparade aufgeboten worden. Die vorhergehenden Jahre der wirtschaftlichen Misere hatte sie nur am Rande miterlebt. Doch sie erinnert sich gut, wie sie einmal ein Kilo Zucker kaufen ging, als viele Güter rationiert waren und nur in Regierungsläden gekauft werden konnten. «Zum Zucker musste ich noch eine hässliche Teetasse kaufen. Es gab solche Vorschriften, für jedes Kilo Zucker musste man eine dieser grünlichen Teetassen schlechter Qualität aus Mosambik kaufen, so versuchte die Regierung Ware loszuwerden, die niemand wollte. Es gab ja damals kaum mehr etwas zu kaufen, geschweige denn von guter Qualität. Wenn Leute ins Ausland reisten, mussten sie ihren Freunden und Verwandten Colgate-Zahnpasta, Seife und andere Toilettenartikel mitbringen, kleine Dinge, aber damals sehr begehrt. Nicht nur in Kenya, auch in Sansibar war hingegen alles erhältlich, und es wurde viel geschmuggelt, aber wehe, die Leute wurden erwischt. Meine Freundin vom National Service hatte einen Militärpiloten als Boyfriend, und der musste ab und zu nach Sansibar fliegen. Wenn sich eine Gelegenheit ergab, flogen wir mit und gingen auf Einkaufstour. Meine Mutter war entsetzt, als sie einmal einen ganzen Sack guter Toilettenartikel in der Wohnung vorfand und ich ihr sagte, ich sei mit Freunden in Sansibar gewesen. Bei der grossen Parade nach dem Ende des Krieges gegen Uganda 1979 war ein Flugzeug bei der Flugshow abgestürzt, und so sah sie es nicht gerne, wenn ich in einem dieser Militärflugzeuge flog.»

Unter Minister Edward Moringe Sokoine erliess das Parlament in den 1980er-Jahren den «Economic Crimes and Sabotage Act», ein Gesetz, welches das Horten von Ware und den Schmuggel verhindern sollte. Es gab Razzien in Geschäften im ganzen Land, und viele Ladeninhaber landeten im Gefängnis, manche auch unschuldig. «Meine Mutter erzählte mir damals, dass Leute, die Warenlager hatten, vor allem auch indische Geschäftsleute, ganze Kartons Ware auf die Strasse warfen, selbst Matratzen, um nicht ins Gefängnis zu kommen. In unserem Dorf Marangu, wo es einen grossen Bach gibt, scherzten die Leute, wenn man Tee kochen wolle, brauche man nur Flusswasser zu schöpfen, dann habe man gezuckerten Tee. Auch Ölkanister und vieles mehr schwammen den Fluss hinunter.»

Dies sind Episoden aus der Nyererezeit, an die sich Susan erinnert. Politik war damals für sie kein Thema, über das sie sprechen wollte. «Ich hasste Politik, auch über Religion wollte ich damals mit meinen Freunden nicht sprechen, man konnte sowieso nichts ändern und man musste aufpassen, was man sagte. Es hiess damals, jeder zehnte Tansanier sei ein Spitzel, überall waren die Leute des Sicherheitsdienstes, in der Stadt wie auf dem Land, alle konnten Spitzel sein.»

Unter der Regierung von Ali Hassan Mwinyi wurde die Wirtschaft in Tansania liberalisiert. Als Susan Lyaro ihr eigenes Geld verdiente, genoss sie es, endlich Dinge kaufen zu können, die es vorher nur im Ausland gegeben hatte. Sie lebte in Arusha, einer lebendigen Stadt, wo der Tourismus bald Aufschwung nahm. Schon während des National Service war sie ab und zu im nahegelegenen Arusha gewesen, wenn sie Urlaub hatte. Die Stadt gefiel ihr so gut, dass sie beschlossen hatte, dort Arbeit zu suchen. Eine Freundin lud sie ein, vorübergehend bei ihr zu wohnen. Bei einem Abendessen mit Freunden lernte Susan Lyaro den Direktor des Technikums von Arusha kennen. «Er fragte, wer ich sei und was ich tue? Ich antwortete, ich hätte eben den National Service beendet und suche Arbeit. Zuvor hätte ich meinen Abschluss am Business College gemacht. Ob ich unterrichten könne, wollte er wissen. Ich wisse es nicht, sagte ich wahrheitsgemäss, ich hätte noch nie unterrichtet. Da er seit Längerem erfolglos nach einer Lehrkraft für das Fach Betriebsführung suchte, bot er mir diese Stelle an. Ich könne es ja versuchen, er werde mich unterstützen. So geschah es, dass ich für die nächsten zehn Jahre Lehrerin wurde. Ich hatte den künftigen Ingenieuren etwas über Personalführung, Lagerkontrolle und Buchführung beizubringen.»

Susan Lyaro konnte auf dem Collegegelände ein kleines Haus

beziehen, sie bekam keinen grossen Lohn, aber als Anfängerin war sie sehr zufrieden mit ihrer Situation. In einem sechswöchigen Kurs eignete sie sich das nötigste pädagogische Rüstzeug für den Unterricht an. Jungen Leuten ihre Kenntnisse zu vermitteln, gefiel ihr. «Ich mochte es, vor der Klasse zu stehen und zu unterrichten. Das Einzige, was ich nicht mochte, war die Bewertung der Studierenden. Ich unterrichtete alle, die am College waren, während der ersten zwei Studienjahre und somit hatte ich sehr viele Arbeiten zu korrigieren. Während die Lehrer der technischen Fächer nur die Studenten ihrer eigenen Fachrichtung hatten, musste ich viermal so viele Prüfungen abnehmen, das heisst, es waren jeweils über dreihundert Arbeiten. Ich konnte deshalb nie richtig Ferien machen, sobald das College schloss, hatte ich die ganzen Korrekturarbeiten zu machen. Ich ging an keine Hochzeit, kein Fest, ich ging nirgendwo hin, bis ich die Berichte mit den Noten abgeliefert hatte. Es blieben mir jeweils nur ein paar Tage Urlaub, die ich meist nutzte, um meine Mutter in Dar es Salaam zu besuchen. Immerhin blieb mir während des Semesters genügend Zeit, mich um meinen grossen Garten zu kümmern. Ich pflanzte vor allem Kohl und Spinat und verkaufte das Gemüse, das ich nicht selbst essen konnte, den Frauen vom Markt, der in unserer Nähe war. Da es zudem durch die vielen Hotels in Arusha eine grosse Nachfrage nach Poulets gab, begann ich Hühner zu züchten. Zusammen mit anderen Frauen konnten wir als Gruppe grosse Bestellungen annehmen und gemeinsam liefern. Anstatt mein Geld auf die Bank zu bringen, investierte ich es in mein kleines Geschäft. Es war auch eine gute Beschäftigung für mich, denn ich hatte nicht sehr viele Unterrichtsstunden und also nicht übermässig viel zu tun, wenn ich nicht gerade Prüfungsarbeiten korrigieren musste.»

Trotz Schule, Garten und Hühnern fand Susan immer wieder Zeit, Freundinnen und Freunde zu besuchen oder zu sich einzuladen und das Leben in der Stadt zu geniessen. Sie war fast dreissigjährig, als sie 1988 von ihrem Freund, mit dem sie noch nicht lange zusammen war, schwanger wurde. «Es gab zu der Zeit ein nationales Programm zum Thema Verhütung, das Thema wurde in den Medien diskutiert, und Verhütungsmittel waren erhältlich. Ich war informiert und hatte mich auch vorgesehen, aber irgendwann war ich bereit für ein Kind, und so freute ich mich über die Schwangerschaft. Doch dann hatte ich im neunten Monat eine Totgeburt. Es lag an einer Unachtsamkeit der Hebamme, das Kind hatte die Nabelschnur um den Hals, und anstatt sofort zu reagieren, wartete die Hebamme auf den Arzt. Es war an Ostern und erst noch in der Nacht, ich war die ganze Nacht in den Wehen, die Geburt ging nicht vorwärts, so sehr ich mich auch anstrengte, und schliesslich starb das Kind. Am nächsten Morgen kam endlich der Arzt. Er riet mir, das tote Kind zu gebären und nicht zu operieren. So machte er einen Dammschnitt und ich bemühte mich, so gut ich konnte, ich war schon völlig erschöpft. Es war ein Mädchen. Es wurde in Arusha beerdigt, nachdem der Vater es gesehen hatte, vorher darf in unserer Tradition das Kind nicht begraben werden.»

Die Mutter kaufte Susan ein Flugticket, damit sie zur Erholung zu ihr nach Dar es Salaam kommen konnte. «Ich war am Boden zerstört und hatte nicht die Kraft, nach diesem Unglück gleich wieder vor einer Klasse zu stehen. Ich nahm meinen dreimonatigen Mutterschaftsurlaub. Ich hatte mich so auf dieses Kind gefreut, hatte Kleider gekauft, eine Tasche voll Kleider, und nun hatte ich kein Kind. Ich verschenkte die Kleider nach und nach an Frauen, die ein Kind geboren hatten. Die Beziehung zum Vater brach ich ab, ich konnte mir nicht vorstellen, mit ihm zusammenzuleben. Er war auch ziemlich viel älter als ich. Meine Mutter zog einige Erkundigungen ein über ihn und meinte auch, dies sei kein Partner für mich. Es war aber nicht einfach, mich von ihm zu trennen, denn wir hatten ja keinen Streit, es fiel mir schwer, ihm zu sagen, ich wolle nicht mehr mit ihm zusammen sein. Um länger von Arusha wegzubleiben, machte ich eine einjährige Weiterbildung in Marketing Management an der Handelshochschule in Dar es Salaam, an der ich meinen Abschluss gemacht hatte. Ich erhielt weiterhin meinen Lehrerinnenlohn, und das Technikum, das dem Ministerium für Wissenschaft, Technologie und Bildung unterstellt war, bezahlte auch das Studiengeld. Als ich nach Arusha zurückkehrte, hoffte mein früherer Freund immer noch, ich komme zu ihm zurück, aber schliesslich realisierte er, dass es mir ernst war, und bald darauf heiratete er eine andere Frau. Es war die tragische Ironie des Schicksals, dass diese Frau ein paar Jahre später bei einer Totgeburt starb. Freunde meinten, jetzt sei er wieder frei für mich, aber ich hatte definitiv abgeschlossen mit dieser Beziehung. Zudem hätte sich meine Mutter im Grab umgedreht, wenn ich diesen Mann geheiratet hätte.»

Die Mutter Jocelyne Kimangano war bereits mit fünfundfünfzig Jahren 1991 ganz unerwartet gestorben. Es war ein grosser Schock für Susan. Sie erinnert sich, dass sie im Garten arbeitete, als ihr zwei Lehrerkollegen die Nachricht überbrachten. Es gab damals noch keine Mobiltelefone, und die Nachricht war per Telefon ans Sekretariat des Colleges gegangen. «Es war sehr, sehr hart. Aber ich war fest entschlossen, zu überleben, und ich wusste, ich musste mich beschäftigt halten, um nicht in Selbstmitleid zu versinken. Ich entschied, mit dem Alkohol aufzuhören. Ich wusste, dass ich mich auf etwas konzentrieren musste und eine klare Orientierung brauchte in meinem Leben. Das heisst nicht, dass Leute, die Alkohol trinken, lausige Personen sein müssen, aber in meinem Leben war einfach kein Platz mehr dafür. Die meisten Leute, die mir begegnen, denken, mir gehe es gut, aber sie wissen nicht, was ich alles durchgemacht habe. Es war ehrlich gesagt nicht so einfach für mich, da war viel Schmerz und Bitterkeit in meinem Leben schon von Kind an, aber ich riss mich zusammen und sagte mir, das Leben geht weiter, ich muss stark sein.»

1996, nach zehn Jahren Anstellung am Technikum, fand es Susan Lyaro an der Zeit, sich nach einer anderen Arbeit umzusehen. Es gab inzwischen verschiedene ausländische Nichtregierungsorganisationen in Arusha, die Programme zur Armutsbekämpfung durchführten und lokales Personal anstellten. Viele arbeiteten mit Mikrofinanzprogrammen für Unternehmer, und so waren Lehrkräfte für Grundkurse in Betriebswirtschaft sehr gefragt. Dies war eine Chance für Susan Lyaro. Mit ihrer Ausbildung und Erfahrung fand sie rasch eine Stelle in einer holländischen Organisation, zunächst als Teilzeitmitarbeiterin. Daneben unterrichtete sie weiterhin am Technikum. Als sich genügend Kleinunternehmer für das Programm der holländischen Organisation eingeschrieben hatten, wurde 1996 eine Zweigstelle in Arusha eröffnet. Susan Lyaro wurde die Geschäftsleitung übertragen. Sie kündigte ihre Stelle am Technikum.

Fast gleichzeitig, wie sie die neue Stelle antrat, wurde sie jedoch zum zweiten Mal schwanger. Da sie nur einen Kurzzeitvertrag hatte, stand sie ohne Anspruch auf Mutterschaftsurlaub da und musste zwischen dem Kind und der Stelle wählen. «Ich entschied mich für das Kind. Ich musste meine finanzielle Situation gut abwägen, denn der Vater des Kindes und ich hatten noch nicht über eine Heirat gesprochen. Als ich schwanger wurde, meinte er zwar, wir könnten uns gegenseitig in unsere Familien einführen und die nötigen Vorkehrungen für die Hochzeit treffen. Ich war mir aber nicht so sicher, dass ich ihn heiraten wollte, ich kannte ihn noch nicht sehr gut, und als ich mehr über ihn erfuhr, gab es da Dinge, die mir nicht gefielen, zum Beispiel dass er Kinder mit anderen Frauen hatte. Er war nicht ein stabiler Mensch, es gab mehrere Anzeichen in seinem Verhalten, die mich vorsichtig sein liessen. Auch Freunde rieten mir davon ab, ihn zu heiraten. So sagte ich, warten wir ab, ich schaue mal, wie sich die Dinge entwickeln. Ich zog während der Schwangerschaft in sein Haus ein, in dem er mit einem Sohn lebte. Ich war mir nicht sicher, wie lange ich dort bleiben würde, deshalb zügelte ich meine Hühner nicht zu ihm, obwohl ich schon Material für ein Hühnerhaus gekauft hatte. Der Lehrer, der in mein Haus auf dem Collegegelände eingezogen war, kaufte mir die Hühner ab, und ich gab das Hühnergeschäft auf. Ich dachte, es sei klüger, nicht zuviel zu investieren, wenn ich vielleicht bald wieder ausziehen wolle.»

Susan Lyaro vertraute darauf, dass sie einen Weg finden würde, um, wenn nötig, sich und das Kind allein durchzubringen. Sie hatte das Vorbild ihrer Mutter, sie fühlte sich stark genug. Sie hatte eine gute Ausbildung, die ihr erlauben würde, Arbeit zu finden. «Du musst wissen, in unserer Gesellschaft gibt es zwei Arten von Frauen. Die einen passen sich an und ordnen sich unter, weil sie den Schutz eines Ehemannes wollen. Verheiratet zu sein, verleiht ihnen ein gewisses Ansehen und Respekt. Die anderen wollen mehr Freiheit und Unabhängigkeit, ihr persönliches Glück ist ihnen wichtig, und sie wollen berufstätig sein, es sind meist Karrierefrauen.»

Miriam kam im Februar 1997 mit Kaiserschnitt zur Welt. Nachdem sich Susan Lyaro von der Operation erholt hatte, arbeitete sie wieder Teilzeit für die holländische Organisation. Sie führte Seminare durch und verdiente gerade genug, um durchzukommen. Ihre Verwandten in Arusha und Moshi unterstützten sie ein wenig. Sie besuchten sie regelmässig und brachten jeweils Früchte und Gemüse aus ihrem Dorf mit. Etwa ein Jahr nach der Geburt zog Susan Lyaro aus dem Haus des Vaters von Miriam aus und mietete zwei Räume in einem anderen Haus für sich, das Kind und das Kindermädchen. «Mein Leben war nicht schlecht. Schon bald fand ich eine feste Stelle bei der Organisation World Vision. Die Zentrale war in Arusha, ich wurde dort eingearbeitet, um später im neu zu eröffnenden Büro in Mwanza zu arbeiten. Nun musste ich als Mutter lernen, mein kleines Kind Tag für Tag mit dem Kindermädchen zurückzulassen und zur Arbeit zu gehen. Es war ziemlich hart für mich. Nach etwa einem Jahr wurde das Mwanza-Büro eröffnet, und wir zügelten nach Mwanza. Die Verwandten gaben mir für ein halbes Jahr ein zusätzliches Mädchen aus der Verwandtschaft mit, da sie wussten, dass die ersten Monate am neuen Ort nicht einfach sein würden. So hatte ich für eine Weile eine Haushaltshilfe und ein Kindermädchen.»

Mit dem Vater ihres Kindes hatte Susan Lyaro nur sporadisch Kontakt. «Ich rief ihn ab und zu an, um ihm etwas über Miriam zu berichten, und wenn ich für Sitzungen in Arusha war, trafen wir uns manchmal. Er war nicht einverstanden gewesen mit meinem Auszug aus seinem Haus, aber er hatte sich auch nicht dagegen gestellt. So behielten wir einen losen Kontakt wegen des Kindes. Für mich war klar, dass es keine Wiederaufnahme der früheren Beziehung zwischen uns geben würde, ich hatte meinen Entscheid gefällt.»

Susan Lyaro arbeitete erst wenige Monate im Mwanza-Büro von «World Vision», als es wieder eine Veränderung gab: Sie sollte die Eröffnung eines kleinen Regionalbüros in Shinyanga vorbereiten. Zu diesem Zweck musste sie dreimal wöchentlich ins hundertfünfzig Kilometer entfernte Minenstädtchen fahren. Ihre Aufgabe war, Kleinunternehmer zu mobilisieren, die an Kleinkrediten interessiert waren, sie in Gruppen zu organisieren und zu schulen. Jede Gruppe sollte gemeinsam für die erhaltenen Kredite Verantwortung übernehmen, und die Mitglieder sollten sich gegenseitig unterstützen. «Nach drei Monaten hatte ich vierzehn Gruppen auf die Beine gestellt, und so meinten sie in der Zentrale, ich sei die richtige Person, um diese Gruppen zu betreuen. Sie versetzten mich nach Shinyanga, aber ich mochte diese kleine Stadt mit den aasfressenden Störchen, den Marabus, die in den Abfallhaufen stochern, nicht. Hingegen gefiel mir Mwanza am Victoriasee noch besser als Arusha. Es ist weniger touristisch, und die Nahrungsmittel, die es dort in Hülle und Fülle gibt, Gemüse, Früchte und Fisch, waren billiger. Auch das Wohnen war in Mwanza günstiger. Zudem hat die Stadt am See ein angenehmes, mildes Klima, während in Arusha die Monate Juni, Juli, August sehr kühl sind. In der Regenzeit hingegen regnet es manchmal während Wochen ununterbrochen, ich erinnere mich, dass die Windeln von Miriam nie trocken wurden. Papierwindeln gab es zu jener Zeit hier noch nicht. Einzig wenn die Priester aus unserem Dorf einen Container mit Ware aus Europa bekamen, waren Pampers für mich dabei. Es waren Freunde aus der Kindheit, die Priester geworden waren, und so taten sie mir diesen Gefallen.»

Als Susan Lyaro trotzdem von Mwanza nach Shinyanga umziehen musste, sagte sie allen Freundinnen und Bekannten, sie
wolle so schnell wie möglich wieder zurückkommen und suche
eine neue Stelle in Mwanza. Sie hatte Glück und blieb nur drei
Monate im ungeliebten Shinyanga. Als in Mwanza bei UNDP, dem
Entwicklungsprogramm der Vereinten Nationen, eine Projekt-
mitarbeiterin kündigte, war dies die Chance für Susan. Gesucht
wurde eine Frau mit Erfahrung im Bereich Handel, denn es ging
darum, Frauen im Fischhandel zu unterstützen. Im November
1999 konnte sie ihre neue Stelle antreten und Frauengruppen in
Seminaren auf die Arbeit als Geschäftsfrauen im Fischhandel vorbereiten. Doch dieses Programm einer internationalen Organisation war auf zwei Jahre befristet. In den folgenden sechs Jahren
wechselte Susan Lyaro dreimal die Stelle und musste viermal
umziehen. Sie arbeitete zunächst im sechzig Kilometer von Mwanza entfernten Magu für «Care Tanzania» in einem Kleinkreditpro-
jekt. Darauf zog sie wieder nach Mwanza und war Projektmitar-
beiterin in einem österreichischen Milchwirtschaftsprojekt. Als
die österreichische Organisation sich aus Tansania zurückzog, arbeitete sie noch eine Weile in der tansanischen Nachfolgeorgani-
sation in Dar es Salaam. Von dort wechselte sie nach Dodoma zur
tansanischen Organisation Rural Livelihood Development Company (RLDC), die von der Eidgenossenschaft finanziell unterstützt
wird.

«Meine Kenntnisse in Milchwirtschaft kamen mir bei RLDC
zustatten, ich kümmerte mich am Anfang um die Marktentwick-
lung in den Sektoren Milchwirtschaft und Baumwolle. Nachdem
ich mich in Dodoma gut eingerichtet hatte, holte ich meine Tochter aus Mwanza nach Dodoma. Sie war die letzten Jahre im Internat gewesen. Meine Arbeit hatte mich sehr gefordert, und ich war
viel unterwegs gewesen. Als Miriam grösser wurde, fühlte ich mich
ruhiger, wenn sie im Internat war, sie war dort auch besser geschützt. Ich wollte nicht, dass sie mit der Hausangestellten aufwuchs. Aber es war eine harte Zeit für uns beide, ich konnte sie nur

heimlich sehen, die Schule hatte strenge Regeln. Sie durfte nur in den Ferien nach Hause kommen.»

Heute, 2010, besucht Miriam in Dodoma eine englische Privatschule, und wenn die Mutter auf Geschäftsreisen ist, kümmert sich ein Grossonkel um sie. «Ich habe grosses Glück, hier in Dodoma diesen Verwandten zu haben, er ist der jüngste Bruder meiner Mutter. Er ist pensioniert und Witwer und lebt mit seinen drei Töchtern nicht weit entfernt von uns. Wenn ich weg muss, rufe ich ihn einfach an und sage: ‹Ich gehe auf Geschäftsreise, ich bringe dir Miriam und das Auto.› Er kann nicht nein sagen, er ist schliesslich mein direkter Verwandter.»

Ihre beschränkte Freizeit füllt Susan Lyaro vor allem mit kirchlichen Aktivitäten. Regelmässig besucht sie Anlässe der «Living Faith Church», einer der Pfingstgemeinden, von denen es in Tansania zahlreiche und unterschiedliche gibt. In dieser Gemeinschaft hat sie ihren Kreis gefunden. «Ich wurde lutherisch erzogen, aber als ich in Mwanza lebte, kam ich durch Verwandte mit der ‹Pentecostal Church› in Kontakt und entschied, mich dort zu beteiligen. Ich suchte nach einem tieferen Engagement, nicht diese liberale Art der Lutheraner. In der ‹Pentecostal Church› treffen wir uns viel öfters als die Lutheraner oder Katholiken, es gibt ein Programm, und es ist verbindlicher. Ich brauchte dies, ich brauchte auch Leute um mich herum, die mir nahestehen, da ich allein mit Miriam lebte. In dieser religiösen Gemeinschaft fühle ich mich aufgehoben und ermutigt, ich bin nicht allein und ich sehe andere Frauen, die schwierigere Situationen zu bewältigen haben als ich. Die religiöse Botschaft macht mir Mut, ich fühle mich von Gott beschützt. Für mich ist die Kirche ein wichtiger Ort, um nicht einsam zu sein. Ich will nicht in Bierbars gehen, wie manche Frauen, die sich wie Männer aufführen, das ist nicht mein Weg.»

Bereits in Mwanza war Susan Lyaro vom Pfarrer in den Rat der Älteren aufgenommen worden. Auch in Dodoma ist sie in diesem Rat, der die lokale Kirchenleitung berät und unterstützt. Die dreizehnjährige Tochter begleitet die Mutter ab und zu in die Kirche, etwa wenn ein spezieller Kindergottesdienst stattfindet. Dass Miriam in Mwanza in einem katholischen Internat war und in Dodoma zunächst in einem lutherischen Internat und jetzt eine Schule der Anglikaner besucht, stört Susan Lyaro nicht. Bei der Wahl der Schule für Miriam geht es ihr um eine gute Schulbildung, die Religion spielt da keine grosse Rolle.

Susan Lyaro will nicht mehr allzu viele Jahre als Angestellte arbeiten. Sie will sich selbständig machen. Sie sieht, wie die neu angestellten Kolleginnen und Kollegen immer jünger werden im Vergleich zu ihr, und sie wünscht sich in ihrem Alter etwas weniger Stress. Mit ihren beiden Geschwistern hat sie deshalb vor einiger Zeit über eine gemeinsame Geschäftsgründung diskutiert und kürzlich eine Gesellschaft registrieren lassen. «Wir wollen eigene Geschäfte machen, Aufträge von Privaten und Nichtregierungsorganisationen annehmen. Mein Bruder arbeitet im Importgeschäft am Hafen und Flughafen und hat sehr viele Kontakte, die nützlich sein können. Auch ich kenne viele Leute und Organisationen, ebenso meine Schwester. Sie ist Lehrerin, aber da sie seit Kurzem Witwe ist und vier Kinder aufziehen muss, reicht ihr Lehrerinnenlohn nicht aus. Die nötigen Geschäftskenntnisse werden wir ihr schon beibringen.»

Susan Lyaro ist eine der fortschrittlichen, eigenständigen Berufsfrauen Tansanias. Wenn sie in guter Verfassung ist, hat sie eine starke, positive Ausstrahlung und wirkt sehr kompetent und aufgeschlossen. Es ist dann, als gewinne ihre kleine Gestalt an Format. Mit Witz und Charme kann sie ganze Versammlungen von Bäuerinnen und Bauern, aber auch Geschäftsleute und Politiker in ihren Bann ziehen.

Susan Lyaro hat wie ihre Mutter Joceline Kimangano der Karriere wegen viele Ortswechsel in Kauf genommen und ihr Kind ohne Vater aufgezogen. Das Kapitel Ehemann oder Partner hat sie aber, anders als ihre Mutter damals, noch nicht endgültig abgeschlossen. «Sollte sich eine Gelegenheit ergeben, werde ich sie packen.

Ich trage allerdings wenig dazu bei, Gelegenheiten für eine Bekanntschaft zu schaffen, ich habe wenig Zeit und fühle mich aufgrund meiner Erfahrungen auch nicht sehr dazu ermutigt, aber ich schliesse nichts aus. Meine Tochter wird höhere Schulen besuchen und wegziehen und ich möchte gut älter werden.»

Als Weisse in Dodoma

«Karibu», «willkommen», ist in Tansania wohl eines der meist verwendeten Wörter. Es gilt dem Einheimischen wie der Fremden an
jeder Haustür, vor dem Postschalter, im Restaurant und im Laden.
Und beim Abschied heisst es «karibu tena», was so viel bedeutet
wie «komm wieder!» und sich von «auf Wiedersehen», «kwa heri»,
unterscheidet. So fühle ich mich in Tansania auch als Weisse willkommen, und die Freundlichkeit, mit der uns «wazungu», den Euro-
päern und allen anderen fremden Bleichgesichtern, begegnet wird,
überrascht mich immer wieder von Neuem.

Meist bin ich auf dem Fahrrad unterwegs und fühle mich frei,
obwohl ich bei unserer Ankunft im Herbst 2006 praktisch die einzige
Frau auf einem Velo war. Radfahren schien den Männern vorbehal-
ten. Aber dies ändert sich nun rasch, seit in Dodoma eine staatliche
Universität entstanden ist. Da es in Dodoma nicht viele Weisse gibt,
bin und bleibe ich freilich ein Kuriosum. Als wir einmal zu dritt –
drei Weisse – auf dem Velo durchs Quartier fuhren, schrie eine ältere Frau laut «wazungu!», als sie uns sah, und rannte entsetzt weg,
als hätte sie den Teufel leibhaftig gesehen. Ab und zu gibt es auch
kleine Kinder, die sich beim Anblick einer Weissen erschreckt hinter
der Mutter verstecken oder gar zu weinen beginnen, doch die meisten winken und lachen.

Die Kleidung ist hier für mich als Weisse kein Problem. Bekannte
rieten mir, in Dörfern über der Hose ein Tuch um die Hüfte zu binden, wie die Einheimischen. Aber in der Stadt tragen selbst einheimische Frauen, wenn auch vorwiegend junge, ab und zu Hosen.
Das wichtigste Kleidungsstück ist immer noch das bunte Baumwolltuch, das «kanga» mit oder das «kitenge» ohne aufgedruckten
Spruch. Viele Frauen binden es einfach über Rock oder Hose um die
Hüfte, und das zweite schlingen sie um den Kopf oder um die
Schulter, denn diese Stoffe kauft man immer paarweise. Die ele-
gantere Variante ist, sich aus den Tüchern bei einer der vielen

Schneiderinnen oder einem Schneider am Strassenrand ein Kleid nähen zu lassen. Diese Möglichkeit nutzte auch ich öfters, ich ging zur schönen Filippa oder ihrer Kollegin Bitriz, doch meine weiten Blusen und Röcke hatten nie die Eleganz der hautengen langen Kleider der schlanken oder auch rundlichen Afrikanerinnen.

Die Leute kleiden sich gerne schön, sonntags sieht man selbst kleine Mädchen in glitzernden Spitzenröcklein und Schuhen mit Absätzen und kleine Buben in Anzügen, die an der Hand ihrer eleganten Mutter in die Kirche gehen oder spazieren. Auch an gewöhnlichen Wochentagen sehe ich manchmal Frauen, die angezogen sind, als gingen sie an einen Ball oder ein Fest. Die Kleidersitten sind in mancher Hinsicht weniger genormt als in Europa, niemand wird schief angeschaut, weil sie oder er eine seltsame Kleider- oder Farbkombination trägt. Die Kopfbedeckungen reichen vom turbanartigen Tuch bei den Frauen über die Wollmütze bei jungen Männern zu europäischen Secondhand-Damenhüten auf Männerköpfen. Die europäische Mode kommt hier als «second hand» in den Strassenverkauf und wird gerne bunt mit Einheimischem gemischt.

Trotz dem Wohlwollen, das Weissen entgegengebracht wird, spüre ich manchmal mein Fremdsein stark. Es ist nicht nur die Hautfarbe, es sind der ganz andere kulturelle Hintergrund, die anderen Lebenserfahrungen und der privilegierte Lebensstandard, die mich meilenweit vom Leben der Menschen um mich herum entfernen. So vieles verstehe und weiss ich nicht von dem, was sich um mich herum abspielt. Ich kann mich auch nicht unbeobachtet bewegen hier. Obwohl das Fremde von den Menschen nicht missbilligend, sondern meist lachend zur Kenntnis genommen wird, wünschte ich mir manchmal schwarze Haut oder eine Tarnkappe. Oft habe ich zum Beispiel keine Lust, dass mich schon wieder junge Kunsthandwerkverkäufer im Stadtzentrum mit leidender Miene bitten, doch etwas zu kaufen, Postkarten, von denen ich schon einen Vorrat für Monate besitze, Schnitzereien, die als Staubfänger herumstehen, oder Schmuck, der mir nicht gefällt. Da sind mir jene lieber, die lachend ihre Holzgiraffe oder die Arche Noah als die Allerschönste anbieten, obwohl überall im Land genau die gleichen Modelle verkauft werden, und die nicht insistieren, wenn ich abwinke. Auch bettelnde Kinder und alte Leute sprechen mich regelmässig an. Weisse haben Geld.

Die Händler und Bettler sind aber in Dodoma kaum je hartnäckig. Manchmal muss ich mich sogar bemühen, um bedient zu werden, wenn ich in einem der unzähligen winzigen Läden im Zentrum etwas kaufen will, denn vielleicht sitzt der Verkäufer gerade schlafend in der Ecke oder ist in ein Gespräch mit einem Kollegen vertieft. Ich verbrachte viel Zeit damit, herauszufinden, wo was erhältlich ist und wie viel es kostet, um unseren Haushalt einzurichten, vom Putzeimer bis zum Kühlschrank. In den meisten Läden, so klein sie auch sind, ist hinter dem Ladentisch vom Boden bis zur Decke sehr viel Ware gestapelt, oft ein buntes Sammelsurium. Noch geblendet vom Sonnenlicht überflog ich jeweils die vollgestopften Regale und zeigte mit dem Finger auf das Gewünschte. Ich handelte ein wenig um den Preis, wie es erwartet wird, und ging zufrieden mit dem erworbenen Stück zum nächsten Laden. Innerhalb von ein paar Wochen wusste ich, wo ich neue Gummischläuche für das Fahrrad, Papier für den Drucker, schöne Stoffe, einen Wasserfilter, die besten Hustentabletten, Joghurt und vieles mehr kaufen konnte. Ich realisierte aber auch, wie selbstverständlich für mich in der Schweiz Ware in guter Qualität war. Ich suchte in Dodoma vergeblich nach Besteck, das sich nicht beim ersten Druck biegt, das gekaufte Geschirrset hat an jedem Stück einen kleinen Mangel, und Messer schneiden schlecht. Die angebotene Ware ist billig, sie kommt meist aus China und ist entsprechend dem Preis nicht einfach chinesische, sondern schlechte chinesische Ware. Längerfristig zahlt sich der niedrige Preis oft nicht aus, aber die meisten Menschen haben zu wenig Geld, um längerfristig zu denken.

Zuhura Eliasa Ugali

Geboren 1958 in Kalenga, Region Iringa

«Mir gefiele es,
Geschäftsfrau zu sein»

Zuhura ist kräftig gebaut und hat den geraden Rücken der Frauen, die von Kind auf Lasten auf dem Kopf tragen. Sie ruft laut: «Habari za hapa? – Wie geht's?», wenn sie mit einem Plastikbehälter voller Reismehlküchlein auf dem Kopf und einem Hocker unter dem Arm an unserem Gartentor vorbeispaziert, um etwas weiter vorne an der Strasse ihre «vitumbua» zu verkaufen. Ein Wort ergibt das andere, und eines Tages bestelle ich «vitumbua» für unser Fest mit den Angestellten. Sie bringt sie pünktlich. Auf meine Aufforderung hin gesellt sie sich zu uns, nicht ohne sich zuerst zu Hause umzuziehen. Sie erscheint schön wie eine Königin im schwarz und kupferfarben gemusterten Kleid mit gleichem Kopfschmuck.

Bei besonderen Gelegenheiten tauschten wir später afrikanische Reisspeisen gegen schweizerische Kuchen. Zuhura wohnt mit ihrer Familie ganz in der Nähe, hinter dem kleinen Feld von Nachbar Adolf Kirschstein, über das in der Trockenzeit ein schmaler Pfad zum kleinen Tor in ihrer Hecke führt. Während der Regenzeit wachsen Mais und Bohnen auf diesem Acker. Etwas vor dem Wind geschützt hat Zuhura hinter langen Stapeln von Bausteinen, aus denen eines Tages ein Anbau und eine Hofmauer entstehen sollen, ihre Küche eingerichtet. Sie besteht aus einem kleinen Holzofen, einem niedrigen Schemelchen, einem grossen Holzmörser und ein paar Kochtöpfen und Kochlöffeln. Frühmorgens brät sie in der Bratpfanne mit runden Vertiefungen die Reisküchlein im brutzelnden Öl, später setzt sie einen grossen Topf auf für das Essen für die Familie. Meist gibt es «ugali», den weissen, klebrigen Maisbrei, der zusammen mit Gemüse und Sauce von Hand gegessen wird.

Zuhura ist eine gute Köchin, jahrelang hat sie auf der Strasse Speisen gekocht und verkauft und so ihren zweiten Mann kennengelernt, den Schneider Somora, der gerne bei ihr ass. Als wir uns eines Tages auf dem Weg in die Stadt trafen, fragte sie, wohin ich gehe. «Pilau essen in der Stadt mit meinem Mann», antworte ich. Ob ich denn nicht selbst koche? Nein, heute nicht, ich wisse nicht, wie man den Reiseintopf mit vielen Gewürzen koche, das müsste sie mich schon lehren. Zwei Tage später bringt sie mir die Einkaufsliste für die nötigen Zutaten: Zwiebeln, Knoblauch, Peperoni, Karotten, Erbsen, Zimt, Kardamom, Pfeffer, Nelken und Kreuzkümmel, Reis, Kartoffeln und Rindfleisch.

Zum ersten Mal gehe ich in Dodoma zum Metzger; bisher kochte ich vegetarisch, abgesehen von etwas Wurst und Fisch, die ich ab und zu aus dem Tiefkühler im Laden des Inders holte. Seit der Tierseuche vor zwei Jahren, dem Rift Valley Fever, bestehen für die Metzger strengere Hygienevorschriften, die halben Rinder hängen nicht mehr einfach im Freien an einem Haken, den Fliegen ausgesetzt. Die kleine Metzgerei ist weiss gekachelt, und zwischen Kundschaft und Ladentisch gibt es eine halbhohe Glasscheibe. Ausser einem Haufen Leber ist kein Fleisch zu sehen. Es werde erst um elf Uhr gebracht, erklärt der Metzger in blutverschmierter, früher mal weisser Schürze. Pünktlich um elf Uhr hängt tatsächlich ein geviertteiltes Rind an Haken. Der Metzger haut mit der Machete für einen Kunden die Knochen eines riesigen Fleischstückes entzwei. Der Preisliste an der Wand entnehme ich, dass ich zwischen «fileti», Steak, und Gemischtem wählen kann. Ich verlange ein Kilo «fileti», und er schneidet mit raschem Schnitt ein erstes, ein zweites und ein drittes Stück aus dem hängenden Rinderteil, bis sich der Kilostein auf der Waage senkt, kippt das Fleisch in einen schwarzen Plastiksack und reicht es mir über die Glasscheibe.

Am nächsten Tag steht Zuhura vor dem Gartentor, im grünen T-Shirt, ein «kanga» um die Hüfte und eines um den Kopf geschlungen, bereit zum Kochen. Ich habe alle Zutaten auf dem Küchentisch ausgebreitet, und wir rüsten und schnetzeln gemeinsam Gemüse und Fleisch, viele Zwiebeln und eine ganze Knoblauchknolle. Ich frage, wie viel Reis wir für ihre siebenköpfige Familie und meinen Mann und mich bräuchten. «Zwei Kilo», meint sie zu meinem Erstaunen. Während des Kochens kommt es mir vor wie im Märchen, der Reis quillt und quillt, und ich muss sämtliche Pfannen hervorholen und umschöpfen, damit der Pilau nicht überquillt. Die riesigen Mengen nähren Zuhuras Familie, unsere Angestellten und uns selbst mehrmals. Ein paar Wochen später bereiten wir zusammen auch «sambusa» und «chapati» aus Mehl und Kartoffeln zu, und ich zeige ihr, wie man Weihnachtskekse bäckt und Pizza. Beim Kochen erzählt mir Zuhura einiges aus ihrem Leben, und so frage ich sie, ob wir uns zu dritt mit der Übersetzerin treffen könnten, die mir beim Sammeln von Lebensgeschichten behilflich ist. Sie willigt ein, und ich erfahre mehr über ihre Herkunft.

Zuhura Eliasa Ugali, deren Suaheli-Vorname «Venus» bedeutet, wurde 1958 im Dorf Kalenga auf der Hochebene von Iringa geboren, etwa zweihundertfünfzig Kilometer südlich von Dodoma. Sie war das zweite Kind einer Kleinbauernfamilie. Eine Woche nach ihrer Geburt starb ihr Vater. Die Mutter heiratete später wieder und gebar weitere fünf Kinder. Der Stiefvater von Zuhura war Staatsangestellter, und so zog die Familie ins Städtchen Iringa. Die muslimischen Eltern schickten die Kinder in die katholische Missionsschule. «Ich betete mit den Eltern in der Moschee und mit den katholischen Schwestern in der Kirche, ich hörte die Geschichten von Jesus und lernte den Koran kennen, das war kein Problem für mich», erzählt Zuhura.

Sie half neben der Schule im Haushalt und auf dem Feld, das die Mutter im Dorf Kalenga weiterhin bearbeitete. «Nach sieben Jahren Primarschule konnte ich nicht weiter in die Schule gehen, weil die Eltern nicht genug Geld hatten. Ich war eine gute Schülerin und ging gerne zur Schule, aber nur eine Schwester konnte höhere Schulen besuchen, sie ist heute Lehrerin in Dodoma. Ich besuchte einen Kurs als Daktylografin und fand danach eine Stelle in einem Transportunternehmen in Iringa. Nach zwei Jahren wurde diese Firma aber geschlossen. Darauf fand ich Arbeit bei der Schuhfirma Bata, dort arbeitete ich im Büro, und manchmal verkaufte ich Schuhe im Laden, das gefiel mir. 1975, ich war knapp achtzehnjährig, wurde ich in die Bata-Filiale nach Dodoma versetzt. Am Anfang war dieser Wechsel hart für mich, ich musste die Mutter in Iringa zurücklassen, und ich kannte hier niemanden.»

Bald lernte Zuhura aber ihren ersten Mann kennen, einen Pfleger des Distriktsspitals von Dodoma. Sie heirateten nach muslimischem Glauben, und mit zwanzig gebar Zuhura das erste Kind, mit siebenundzwanzig das vierte. Nach vierzehn Ehejahren erklärte Zuhuras Mann, er wolle eine zweite Frau heiraten, ein junges Mädchen. Da beschloss sie, sich von ihm zu trennen und die wenig glückliche Ehe aufzulösen. «Mein Mann war jedoch nicht einverstanden, er ging zum Richter und klagte, ich verlasse ihn ohne seine Einwilligung. Nachdem das Gericht auch mich angehört hatte, wurde unsere Ehe geschieden. Die Kinder musste ich dem Mann überlassen, denn nach tansanischem Recht steht das Sorgerecht dem Vater zu, sobald die Kinder schulpflichtig sind. Er wollte nicht einmal zulassen, dass ich sie sehe, aber sie besuchten mich heimlich. Es war eine harte Zeit. Zudem verlor ich im gleichen Jahr meine Stelle, weil die Bata-Filiale in Dodoma geschlossen wurde.»

Zuhura schlug sich von da an mit dem Verkauf von Mahlzeiten in ihrer kleinen Strassenküche durch. Ein Kunde, der sich bald nicht nur für das Essen interessierte, sondern für die Köchin, war Schneider Somora. Als sie sich kennenlernten, hatte er bereits drei Frauen verlassen, mit denen er insgesamt sieben Kinder hatte. Sie habe trotzdem ihr Glück versucht, meint sie lachend. Seine Kinder lebten bei der jeweiligen Mutter. Zuhura Eliasa Ugali und Alex Somora begannen ein neues Familienleben zu zweit. 1995 kam die gemeinsame Tochter Teresia zur Welt und drei Jahre danach Lucia. Später nahm Vater Somora einen Sohn aus einer früheren Beziehung zu sich sowie einen Neffen und eine Nichte aus dem Dorf Mtera, die in Dodoma die Schule besuchen.

Das Haus ohne Strom und Wasser ist klein für die fünf Kinder und zwei Erwachsenen. Es besteht aus dem Elternschlafzimmer, einem Wohnzimmer und der angebauten Garage, die in ein Kinderschlafzimmer umfunktioniert wurde, mit einer Abtrennung zwischen dem Teil der drei Mädchen und jenem des jüngeren Buben. Der Älteste, Castor, schläft im kleinen Geräteschuppen hinter dem Haus. Das Fahrrad des Vaters findet irgendwo Platz, und der Traum, dass eines Tages ein Auto in der Garage steht, bleibt wohl ein Traum. Ein Zaun aus Dornen und Ästen umgibt den Sandplatz vor dem Haus. Hier wird gekocht, und am Wasserhahn in der Ecke des Hofes wird Geschirr gespült und Wäsche gewaschen. Jeweils am Samstag ist Wäschetag. Alle Kinder waschen ihre Kleider selber, auch die Söhne, dies ist hier im Land so üblich. Bunt hängen die Kleidungsstücke an der Leine zwischen zwei Holzpfählen quer über den Hof und sind unter der tropischen Sonne mit dem Dodoma-Wind innert Kürze trocken.

Am Zaun steht eine mit aufgeschnittenen Kunstfasersäcken verkleidete Holzkonstruktion, das Plumpsklo. Dahinter gackern in einem Käfig ein paar Hühner, die im Hof herumspazieren dürfen, wenn die Kinder sie beaufsichtigen. Vor dem Hauseingang stehen Blumentöpfe, und in einem Beet wachsen Bohnen und Mangold, an deren zarten Blüten und Blättern sich die Hühner gerne gütlich tun. Die vor ein paar Jahren gepflanzten Obstbäume wachsen rasch und spenden bereits etwas Schatten. Dort sitzen die Kinder nach der Schule mit der Mutter auf einer geflochtenen Matte und essen ihren Maisbrei mit Gemüsesauce, in der ab und zu etwas Fleisch oder kleine getrocknete Fische schwimmen.

Jeden Morgen vor sieben Uhr kehrt Schneider Somora zusammen mit den Kindern die Sandfläche des Hofes und ein ganzes Stück Weg in der Umgebung des Hauses. Mit nacktem Oberkörper, ein Tuch um den Leib gewickelt, schwingt er tief gebeugt und mit durchgedrückten Knien den kurzen Reisigbesen und hinterlässt ein regelmässiges, halbkreisförmiges Muster im gesäuberten Sand. Anschliessend kleidet er sich elegant in Hose, Langarmhemd und Krawatte, steigt aufs Fahrrad und fährt ins Stadtzentrum, wo er neben einem anderen Schneider auf einem gedeckten Trottoir an seiner Tretnähmaschine arbeitet.

Mit Alex Somora ist Zuhura nicht verheiratet, sie weiss nicht einmal, ob er von der ersten Frau geschieden ist und ob er die zweite und dritte heiratete oder nicht. Sie macht sich Sorgen, weil sie im Konkubinat lebt, sollte es zu einer Trennung kommen, hätte sie keinerlei Rechte. Aber wenn sie das Thema anschneide, werde der Mann wütend und sage, wichtig sei, sich gegenseitig zu respektieren, die Papiere vom Staat seien nicht von Bedeutung. «Was soll ich tun?», meint sie achselzuckend.

Alex Somora ist katholisch wie auch die gemeinsamen Kinder, während die Kinder aus Zuhuras erster Verbindung muslimisch sind. Zuhura möchte zum katholischen Glauben übertreten. «Warum?», frage ich sie. «Weil mir der katholische Glauben und die Messe gefallen. Ich gehe schon länger in eine katholische Gebetsgruppe.» Wenig später beginnt sie, den religiösen Unterricht zu besuchen, der Voraussetzung ist für den Übertritt zum Katholizismus. Eines Tages fragt sie mich, was sie für einen Namen wählen solle, sie brauche einen christlichen Namen für die Taufe. Ich bringe ihr eine Liste mit christlichen Namen. Noch hat sie Zeit, zu wählen, in der Kathedrale findet erst in ein paar Monaten, an Ostern, wieder ein Taufgottesdienst statt. Etwas Sorge macht ihr, was ihre Mutter zu ihrem Religionswechsel sagen wird.

Zuhura hat ihre Mutter und ihre Geschwister über ein Jahr nicht mehr gesehen und beschliesst, wieder einmal nach Iringa zu fahren. Am Vortag der Reise begleite ich sie auf den Busbahnhof, um die Fahrkarte zu kaufen. Sie hat sich in einen reich bestickten, bodenlangen, schwarzen Mantel gehüllt, wie ihn muslimische Frauen zu tragen pflegen, und ein schwarzes Tuch turbanartig um den Kopf geschlungen. Wir lassen das Auto ausserhalb des Busbahnhofs stehen und schlängeln uns zwischen Menschen, Bussen und Warenständen zu einem der vielen Holzhüttchen durch, wo die Busbillette verkauft werden. Zuhura weiss, wo der Schalter der Busgesellschaft ist, die sie nach Iringa bringen wird. «Welchen

Platz soll ich wählen?», fragt sie mich etwas ratlos, als ihr der Angestellte den Sitzplan hinstreckt. «Möglichst weit vorne», rate ich für die Fahrt auf grober Naturstrasse in einem uralten Bus.

Auf dem Heimweg halten wir beim Markt, um Früchte zu kaufen. Zuhura packt meinen Korb und schreitet rasch und zielgerichtet durch die engen Reihen von Gemüseständen zu ihrem Fruchthändler. An jeder Ecke kennt sie jemanden und tauscht Grüsse aus, ein längeres Ritual von Fragen und Antworten, wie es der Brauch will. Schliesslich kommen wir in einen Bereich des Marktes, in dem ich noch nie war und wo Früchte verkauft werden, die ich noch nie auf dem Markt gesehen habe und deren Namen ich weder auf Kiswahili noch auf Deutsch kenne. Wir kaufen beide ein paar dieser kostbaren exotischen Früchte, dazu Papaya und Orangen, und schon schwebt Zuhura mit wehendem Mantel rasch dem Ausgang zu, es wartet noch Arbeit auf sie zu Hause.

In den kommenden Tagen, während der Abwesenheit der Mutter, müssen die Kinder kochen. Aber nach vier Tagen sitzt Zuhura wieder wie gewohnt im Hof und brät frühmorgens «vitumbua», die sie für umgerechnet etwa zehn Rappen das Stück verkauft und den Kunden in Zeitungspapier einwickelt. Die Einnahmen sind ein kleiner, aber wichtiger Zustupf zum ewig knappen Familienbudget.

Der kurze Besuch bei der Mutter und den Geschwistern war eine Abwechslung in ihrem Alltag und hat ihr gutgetan. Reisen ist ein Luxus, den sich Zuhura noch nie zum reinen Vergnügen leisten konnte. «Ich fuhr früher nach Mbeya und nach Mwanza für Geschäfte, ich kaufte und verkaufte Reis und Bohnen. In Dar es Salaam und in Arusha besuchte ich Verwandte. Aber mein Mann Alex lässt mich nicht reisen, er ist eifersüchtig. Nur meine Mutter darf ich ab und zu besuchen. Zusammen sind wir nie weggefahren, wir arbeiten jeden Tag, es gibt weder Sonntage noch Feiertage, er ist immer am Arbeiten, und auch zum Essen ist er nie da.» Sie lacht ihr fröhliches Lachen, das sie auch in betrüblichen Situationen nicht im Stich lässt.

Zuhura ist sich gewohnt, viel zu arbeiten. Sie liebt die Feldarbeit und hätte gerne etwas mehr Land, aber dieses ist teuer geworden in der wachsenden Hauptstadt. Auf einem Äckerchen an der Strasse vorne hat sie süssen Mais gepflanzt. Diebe haben einen Teil ihrer reifen Maiskolben gestohlen. Sie meint, sie könnte unseren grossen Hund, vor dem sie sich fürchtet, als Wachhund brauchen. Obwohl Zuhura manchmal nicht weiss, woher sie das Geld fürs Essen, für Schuluniformen und das Schulgeld für die vielen Kinder nehmen soll, scheint sie immer gut gelaunt.

Eines Tages fragt sie, ob wir Freunde in der Schweiz haben, die etwas an die Schulkosten bezahlen könnten? Hilfe kommt, und sie ist überglücklich. Nun kann auch Eliasa, der Zweitälteste aus ihrer geschiedenen Ehe, sich weiterbilden und einen Kurs an der staatlichen Kunstschule in Bagamoyo belegen. Er malt und zeichnet gut und versucht, damit etwas Geld zu verdienen. Sein Vater, Zuhuras geschiedener Ehemann, ist 2008 gestorben. Zuhura zahlt Eliasa und seiner jüngeren, noch unverheirateten Schwester die Miete für ein Zimmer im Stadtzentrum, für mehr reichen ihre Mittel nicht. Sie wünscht sich, dass alle ihre Kinder eine gute Schulbildung erhalten und anschliessend einen Beruf erlernen. «Eines der Kinder möchte Pilot werden, ein anderes Medizin studieren, aber die Hauptsache ist, dass sie eine Arbeit finden, irgendeine. Und sollte dies nicht gelingen, können sie sich mit Gelegenheitsarbeiten, mit Kochen und mit Essen Verkaufen durchschlagen, irgendwie wird es schon gehen», meint sie zuversichtlich. Für sich selbst hegt sie auch noch einen Traum. «Mir gefiele es, Geschäftsfrau zu sein. Hätte ich Geld zur Verfügung, würde ich ein Restaurant oder einen Laden eröffnen.»

Fatehally Karim Bhaloo

Geboren 1933 in Dodoma

«Die ganze Verwandtschaft hielt zusammen»

«Mein Grossvater Kassam kam im Jahr 1909 nach Afrika. Er reiste in einer ‹dhow›, einem der grossen Segelschiffe, die damals Passagiere und Waren von Indien nach Tanganyika transportierten. Nach über drei Monaten Reise landete er mit seiner Frau und seinem neunjährigen Sohn Karim – meinem Vater – im Hafen von Bagamoyo. Von dort mussten sie zu Fuss die fast fünfhundert Kilometer nach Dodoma gehen, denn es gab damals noch keine Fahrmöglichkeit. Die Deutschen hatten 1905 mit dem Bau der Zentralen Bahnlinie von Dar es Salaam über Dodoma nach Kigoma am Tanganyikasee begonnen, sie wurde aber erst Ende 1910 bis Dodoma fertiggestellt. Sehr viele Bauarbeiter waren Inder, denn Indien war damals ein sehr armes Land. Auch mein Grossvater kam auf der Suche nach Arbeit hierher, er war Bauer und Geschäftsmann aus Cutch Nagelpur, einem Dorf in der Nähe der heutigen pakistanischen Grenze.»

Dodoma war 1909 noch ein Dorf mit wenig guten Aussichten für einen Geschäftsmann. So zog die Familie weiter nach Kilimatinde, wo die deutsche Boma war, eine Art Fort für die koloniale Verwaltung, sowie das Gericht und Polizei- und Militäreinheiten. Von Kilimatinde aus begann Grossvater Kassam seinen Handel. «Er ging oft mit mehreren Dutzend Trägern nach Mwanza am Victoriasee, über siebenhundert Kilometer zu Fuss, um Ware zu kaufen und zu verkaufen. Nachts schliefen sie im Busch, umgeben von einem Kreis von Feuer, um sich vor den wilden Tieren zu schützen, damals gab es noch viele Löwen im Land. Mein Grossvater kaufte in Mwanza Elfenbein und Leopardenfelle aus Ruanda und Burundi. In Kilimatinde verkaufte er die kostbare Ware den Deutschen. Er handelte auch mit Fisch, mit Kuhhäuten und anderem. Nachdem der Zug zwischen Dodoma und Dar es Salaam den Betrieb aufgenommen hatte, brachte er oft Ware bis an die Küste.»

Auch der Sohn von Grossvater Kassam, Fatehallys Vater Karim, wurde Geschäftsmann. Die ganze Familie war inzwischen nach Dodoma umgezogen, das sich unter der britischen Kolonialmacht langsam zu einer Stadt entwickelte. Die Engländer hatten das Gebiet von Tanganyika bereits 1916 von den Deutschen erobert. «In der Nähe des Bahnhofs von Dodoma bauten sie die englische Boma», erzählt Fatehally Bhaloo. «Sie führten ein Steuersystem ein, um die Stadt aufzubauen. Ich erinnere mich, dass mein Vater und alle andern indischen Geschäftsleute einen Haufen Steuern bezahlen mussten, Personensteuern, Schulsteuern, Geschäftssteuern und so weiter. Wasserversorgung gab es damals in Dodoma noch keine. Das Wasser musste im Fluss im Dorf Kikuyu am Stadtrand geholt werden. In der Trockenzeit gruben die Leute Löcher im Sand, bis sie auf Wasser stiessen. Dort am Fluss machten Grossvater und Vater auch die Ziegelsteine für unser Haus, das sie selber bauten.»

Das Haus steht heute noch, anachronistisch und zerfallend, zwischen moderneren, mehrstöckigen Gebäuden. Es ist langgezogen und niedrig, von der Strasse führen ein paar Tritte hinunter zur Eingangstüre des Wohnteils sowie zu den verschiedenen kleinen Läden. Hinter dem Haus verbirgt sich ein Innenhof, ehemals belebt, heute ungenutzt. Das Haus wird wohl bald abgerissen. Längst hat es die Familie Bhaloo verkauft, lange bevor die Spekulation um den teuren Boden im Stadtzentrum begann.

Im Jahr 1920, als Fatehallys Vater Karim zwanzig war, reiste er nach Indien, um die Frau zu heiraten, die seine Familie für ihn ausgewählt hatte, ein vierzehnjähriges Mädchen aus dem Dorf, aus dem sein Vater Kassam stammte. Als verheiratetes Paar reisten die jungen Leute von Indien per Schiff nach Dar es Salaam. Im Gegensatz zur «dhow» brauchte das Schiff nur noch etwa einen Monat für die Reise. Von der Küste fuhren sie mit dem Zug nach Dodoma.

1924 gebar Karims Frau ihr erstes Kind, einen Sohn. Es folgten vier weitere Söhne und vier Töchter. Fatehally kam 1933 als fünftes der insgesamt neun Kinder zur Welt. Er war im ersten Schuljahr, als sein Vater gezwungen war, in den Marktort Singida umzuziehen, rund zweihundertvierzig Kilometer nordwestlich von Dodoma, in der Hoffnung, dort bessere Geschäfte zu machen. Der Zweite Weltkrieg war ausgebrochen, und die Zeiten waren hart. In Singida hatte bereits ein Schwager von Vater Karim einen Laden, und Karim eröffnete einen eigenen. Sein Sohn Fatehally besuchte in Singida die Aga Khan Indian School. Vom Krieg merkte der Junge kaum etwas, aber er erinnert sich, dass nach Kriegsende die Afrikaner zurückkehrten. Sehr viele Einheimische hatten für die Kolonialherren als Soldaten und Träger gedient. «Nach dem Krieg kamen viel mehr Leute in unseren Laden, und es gab auch wieder genügend Ware, das Geschäft lief gut. Während des Krieges waren viele Dinge nur schwer erhältlich gewesen, zum Beispiel brauchte es für Lastwagenreifen, Batterien und vieles mehr eine spezielle Bewilligung von der Boma.»

Fatehally beendete 1947 die Primarschule. In Singida gab es keine indische Mittelschule, so kehrte er nach Dodoma zurück und besuchte dort die Mittelschule. «Ich wohnte bei meinem Onkel und später bei einem meiner älteren Brüder, der bei der Eisenbahnverwaltung arbeitete. Ich ging gerne zur Schule. Wir wurden in Gujarat und in Englisch unterrichtet. Die Schule gibt es immer noch, aber heute ist sie eine staatliche Mittelschule. Damals hatten wir morgens und nachmittags Schule, nicht wie heute, wo die Schule um zwei Uhr endet. Am Mittag ging ich nach Hause, wir wohnten jenseits des Bahnhofs in einem der Häuser, die die Engländer für die Bahnangestellten gebaut hatten. Wir hatten einen afrikanischen Koch, der für uns kochte, es war ein Männerhaushalt. Um zwei ging ich wieder zur Schule bis um vier Uhr, danach spielte ich mit den Schulkameraden Fussball oder Volleyball, bis es Zeit war, nach Hause zu rennen, mich zu waschen und für das Gebet in der Moschee herzurichten. Damals war das ismaelitische Gebetshaus noch gegenüber vom heutigen Aga Khan Hospital, nicht weit von hier. Von halb sieben bis sieben Uhr beteten wir dort, das gefiel mir und war mir wichtig. Ich machte dreimal am Tag den ziemlich weiten Weg von zu Hause ins Zentrum, oft rannte ich. Zum Glück gab es damals – anders als heute – Strassenlampen auf meinem Heimweg, denn nach dem Gebet war es bereits dunkel.»

Fatehally konnte die Mittelschule nicht beenden, das Einkommen der Familie reichte nicht, um den neun Kindern einen Abschluss an einer höheren Schule zu ermöglichen. Als Siebzehnjähriger kehrte er 1950 nach Singida zurück, um einem seiner älteren Brüder helfen, der in Ilongero, knapp dreissig Kilometer von Singida entfernt, einen Laden eröffnet hatte. «Er hatte einen Gemischtwarenladen mit Landwirtschaftsgeräten und allem Möglichen, auch Bettwäsche und Stoffe, ‹kitenge› und ‹kanga›. Ich half überall und schnitt oft Stoffe, hier, das Überbein am Finger kommt vom vielen Schneiden. Ich nähte auch an der Tretmaschine, ich machte Säume an den Tüchern, mit denen sich die Frauen kleideten. Durch die afrikanische Kundschaft lernte ich Kiswahili und auch Kinyaturu, die lokale Sprache. Meine Muttersprache ist Cutchy, und in der Schule hatte ich Gujarati und Englisch gelernt. Nach einem Jahr in Ilongero beherrschte ich die zwei afrikanischen Sprachen fliessend. Die Arbeit im Laden war abwechslungsreich und gefiel mir sehr.»

Nach drei Jahren rief der Bruder aus Dodoma Fatehally zu sich nach Tunduma an der Grenze zu Sambia, damals noch Nord-Rhodesien. Er war inzwischen verheiratet und hatte die Arbeit bei der Eisenbahn aufgegeben, sie war zu schlecht bezahlt, um Frau und Kind zu ernähren. Ein weiterer Bruder hatte bereits einen Laden in Tunduma, und so eröffnete er seinerseits dort ein Geschäft.

«Ich half meinem Bruder ein Jahr lang in seinem Laden, und in dieser Zeit lernte ich die dortige Lokalsprache Kinyamwanga. 1955, mit zweiundzwanzig, eröffnete ich selbst einen Laden in Tunduma. Ich handelte mit allem, was gefragt war, Reis, Zucker und andere Lebensmittel, Petrol zum Kochen und für Lampen, Stoffe und vieles mehr. Meine Eltern waren inzwischen von Singida wieder nach Dodoma zurückgekehrt. Sie arrangierten meine Heirat mit einer jungen Inderin aus Dodoma. Ihr Grossvater war mit meinem Grossvater von Indien nach Tanganyika ausgewandert. Sie wählten eine gute Frau für mich, ich war glücklich. Wir heirateten 1957 in der neuen ismaelitischen Moschee, der Jamat Khana, in Dodoma.»

Die Jungverheirateten liessen sich in Tunduma nieder. Das Geschäft lief gut, sie hatten auch Kundschaft aus Sambia und Malawi im Laden. 1958 kam Sohn Shafiq zur Welt und 1961 Tochter Ismat. In diesem Jahr wurde Tanganyika unabhängig. «Alle freuten sich über die Unabhängigkeit, alles verlief gut, ohne Probleme. Mein Laden lief weiterhin nicht schlecht, und mehrere Jahre verdiente ich noch etwas zusätzlich mit dem Verkauf von Busbilletten für den ‹Central African Road Service› von Sambia, ich erhielt fünf Prozent Kommission für die in Tunduma verkauften Fahrkarten. Die Schwierigkeiten begannen Ende der 1960er-Jahre, als der Staat mit den Nationalisierungen begann. Ich erinnere mich nicht mehr ganz genau, aber wenn jemand mehr als ein Haus besass und einen höheren als den erlaubten Mietzins erhob, wurde er enteignet. Wir selbst hatten nur das Haus, in dem wir wohnten, mein Vater besass selber kein eigenes Haus, er wohnte in Miete, insofern war unsere Familie nicht betroffen. Aber die reicheren Leute zogen weg, sie emigrierten nach England, Kanada und anderswohin. Die Geschäfte liefen schlechter, viele Leute lebten in Angst, sie hatten gehofft, im Alter von der Miete ihrer Häuser leben zu können.»

Mit der Arusha-Deklaration von 1967 hatten Staatspräsident Nyerere und die Einheitspartei TANU (Tanganyika African National Union) den Aufbau eines sozialistischen Staates eingeleitet. Die Verstaatlichungen und das landwirtschaftliche Entwicklungsprogramm mit der Umsiedlung der Landbevölkerung in die gemeinschaftlich organisierten Ujamaa-Dörfer brachten nicht die erhoffte Verbesserung des Lebensstandards für die breite Bevölkerung, im Gegenteil, ab den 1970er-Jahren wurde die Versorgungslage im Land immer prekärer. «Benzin und Dieseltreibstoff wurden Anfang der 1980er-Jahre rationiert, es konnten immer weniger Güter transportiert werden wegen des Mangels an Treibstoff und an Ersatzteilen für die Fahrzeuge. 1983 erklärte Nyerere, wer Güter horte, komme ins Gefängnis. Es gab Durchsuchungen, und viele Geschäftsinhaber kamen ins Gefängnis, vor allem Muslime, auch ich. Manche waren aber unschuldig. Ich hatte nur Ware im Laden, die ich von den Regierungsläden gekauft hatte, und ich verkaufte sie zu dem von der Regierung vorgeschriebenen Preis. Ich hatte nichts versteckt, alles war in den Regalen meines Ladens und im Lagerraum gestapelt. Sie behaupteten, ich verkaufe Ersatzteile für Fahrzeuge und hätte mich geweigert, einem Beamten Ersatzteile zu verkaufen. Ich verkaufte aber keine Ersatzteile, ich hatte nur ein paar Stücke für meine eigenen Fahrzeuge, ich besass damals zwei Personenwagen und einen Lastwagen für die Warentransporte.»

Trotz seinen Beteuerungen kam Fatehally Bhaloo ins Gefängnis in Tunduma. Nach zehn Tagen wurde er nach Mbeya überführt, wo er weitere einundneunzig Tage gefangen blieb. «Ich wurde nie angeklagt. Schliesslich liessen sie mich frei und sagten, ich sei irrtümlich eingesperrt worden. In meinem Laden hatten sie sämtliche Ware konfisziert, mir wurde gesagt, ich könne alles im Parteibüro abholen. Dort war aber nur noch ein kleiner Teil meiner Ware. Später hiess es, man könne in Dodoma Entschädigung für beschlagnahmte und nicht zurückerhaltene Ware anfordern. Ich brachte ihnen ein Inventar, es fehlte Ware im Betrag von rund zwanzig Millionen Schilling. Sie boten mir nur fünf Millionen an, ich solle unterschreiben, dass ich dies akzeptiere, sonst erhalte ich gar nichts. Es waren harte Zeiten, ich musste mehrere Monate auf die erforderliche Geschäftsbewilligung warten und wieder von vorne anfangen. Zum Glück hatte ich schon früher meinen Lastwagen auf meinen Sohn überschrieben, der damit Transporte machte, so konnten wir überleben. Shafiq transportierte auch Ware für mein Geschäft von Dar es Salaam nach Tunduma, und zum einen Lastwagen kaufte er nach und nach weitere hinzu. Die ganze Verwandtschaft hielt zusammen, wir unterstützten uns gegenseitig.»

Wie Fatehally Bhaloo erging es vielen Geschäftsinhabern, nachdem die Regierung den «Economic Crimes and Sabotage Act» erlassen hatte. Manche skrupellosen Beamten missbrauchten ihre Macht, warfen auch Unschuldige ins Gefängnis und beschlagnahmten deren Ware. Auch heute sind noch zahlreiche Gerichtsverfahren wegen Entschädigungsforderungen aus dieser Zeit am Laufen.

Ob er nie ans Auswandern gedacht habe, frage ich Fatehally Bhaloo an einem dieser ruhigen Nachmittage, an denen er mir im Lokal seiner Tochter aus seinem Leben erzählt. «Schon, aber ein Teil unserer Verwandtschaft konnte, aus finanziellen Gründen oder weil sie das Visum nicht erhielten, nicht auswandern, und so beschloss ich, hierzubleiben und sie zu unterstützen. Ich war das Familienoberhaupt, und wenn wir weggegangen wären, wäre es für diese Verwandten hart geworden. Ich war einmal in Toronto, um meine Geschwister zu besuchen, ich habe dort drei Brüder und zwei Schwestern. Kanada gefiel mir. Aber dort hätte ich in meinem Alter nicht mehr arbeiten können. Dort würde ich jetzt nur noch in einem Zimmer sitzen, vor allem im Winter, und das wäre hart für mich, obwohl sich die Ismaeliten auch in Kanada gegenseitig unterstützen. Die alten Leute in unserer Gemeinschaft werden nicht in ein Heim gesteckt, sie bleiben in der Familie. Aber hier in Dodoma ist das Leben leichter für mich, ich bin hier geboren, ich kann arbeiten, ich kann mich bewegen, wie ich will, und das Klima behagt mir.»

Trotz zeitweiliger finanzieller Schwierigkeiten hatte Fatehally Bhaloo seinen beiden Kindern den Abschluss der Mittelschule ermöglicht. Da er selbst die Schule nicht hatte beenden können, war es ihm wichtig, dass seine Kinder eine gute Ausbildung erhielten. Sie sollten es weiter bringen als er. «Ich schickte sie schon als Dreijährige nach Dodoma in den Kindergarten, denn in Tunduma gab es keine gute Schule, und es hatte kaum indische Kinder dort. Shafiq und Ismat lebten bei meinen Schwiegereltern. Die Kinder besuchten die Staatsschule in den gleichen Gebäuden, in denen früher die indische Schule war. Da die Schule in Dodoma nur bis zum elften Schuljahr ging, schickte ich die beiden für die letzten zwei Jahre Mittelschule nach Nairobi in Kenia. In den Ferien holte ich sie immer zu uns nach Tunduma, sie hatten viermal im Jahr einen Monat Ferien.»

«Ich half oft im Laden in den Ferien», wirft Tochter Ismat ein, «und ich wollte alles wissen, was es zu wissen gab im Geschäft. Da meine Spielkameraden in Tunduma Knaben waren, langweilte ich mich jeweils nach einer gewissen Zeit und ging lieber zu meinem Vater in den Laden. Er zeigte und erklärte mir alles. Auch heute will ich immer noch mehr wissen. Über unsere Religionsgemeinschaft habe ich Zugang zu Online-Kursen der Weltbank über Wirtschaft und Betriebsführung. Inzwischen bin ich auch Trainerin für jüngere Frauen unserer Gemeinschaft.»

Bevor Ismat ihr Geschäft am heutigen Standort eröffnete, hatte sie eine kleine Eisdiele geführt, die sie im Haus von Verwandten einrichten konnte. Damals hatte Vater Fatehally noch sein Geschäft in Tunduma, aber die Mutter war 1988 nach Dodoma zurückgekehrt, um sich um Ismat und Shafiq zu kümmern, nachdem die Grosseltern nach Kanada ausgewandert waren.

«Ich hatte ein Auto und besuchte die Familie, so oft ich konnte, aber es war eine sehr lange Fahrt auf schlechten Strassen. Und wenn ich ihnen telefonieren wollte, musste ich über hundert Kilometer bis nach Mbeya fahren und dort manchmal den halben Tag warten, um eine Verbindung zu kriegen.» 1997 verkaufte er sein Geschäft und kehrte zu seiner Familie nach Dodoma zurück. Als sich die Gelegenheit ergab, ein Haus in der Nachbarschaft ihres Wohnhauses zu kaufen, griff er zu, renovierte es und richtete im Erdgeschoss für Ismat das Lokal Aladin's Cave ein.

Ismat und Shafiq sind nicht verheiratet. «Ich würde es befür-
worten, wenn sie heiraten möchten, aber sie wählen selbst. Die
Zeiten haben sich geändert, die Ehe wird nicht mehr von den Eltern arrangiert. Doch für mich ist es gut so, wie es ist. Wir verstehen uns gut und arbeiten nun schon Jahrzehnte als Familie zusammen, ohne zu streiten. Die Familiensolidarität ist immer noch ganz
wichtig in unserer Gemeinschaft.»

Ismat, eine moderne Frau mit Kurzhaarschnitt, bei der Arbeit
meist in Hosen gekleidet, ist in der ismaelitischen Gemeinde im
Bildungskomitee aktiv. Ihr Bruder ist Präsident des Aga Khan
Council der zentralen Regionen von Tansania, was beträchtliche
Zeit in Anspruch nimmt neben seinem Transportgeschäft. Die
ismaelitische Gemeinschaft ist durch die vielen Auswanderungen
stark geschrumpft. In Dodoma gibt es keine zweihundert Mitglieder mehr gegenüber tausendachthundert in den 1970er-Jahren. Die
grosse Moschee, die 1954 erbaut wurde, wirkt etwas leer mit den
wenigen Gläubigen, die sich um vier Uhr früh zum Morgengebet
und beim Einnachten zum Abendgebet einfinden.

Fatehally Bhaloo, heute weit in den Siebzigern, steht täglich hinter
dem hohen Ladentisch in «Aladin's Cave». Es ist eine kleine Bar, in
der man Sodas trinken, Hamburger und Eis essen kann, zudem
verkauft Ismat Käse, Joghurt, Milch, Biskuits und verschiedenste
Zuckerwaren. An Feiertagen ist «Aladin's Cave» ein Schlaraffen-
land für Kinder mit all den bunten «pipi», wie die Bonbons hier
heissen. Dann hilft oft auch Ismats Mutter im Laden, eine stille,
gut aussehende Frau, die ihr schwarzes, kräftiges Haar in einem
Knoten zusammenbindet. Vater Bhaloo kümmert sich um den
Verkauf der Telefonkarten für die Mobiltelefone. Eingerahmt von
Gläsern mit Süssigkeiten hat er am einen Ende der Theke seinen
Verkaufsschalter. Viele Kunden sind Wiederverkäufer, und so zählt
er von morgens bis abends Karten ab zu tausend, fünftausend und
zehntausend Schilling von Zain, Vodacom, Tigo und wie die Mo-

biltelefongesellschaften alle heissen. Ruhig und gelassen, immer freundlich und immer elegant gekleidet, tut er zufrieden seine Arbeit. Sie erlaubt ihm, auch im Rentenalter noch Familienangehörige zu unterstützen und selbst finanziell unabhängig zu sein.

Auf der Suche nach einem Spülkasten

Ich weiss nicht, wie viele kaputte Wasserhahnen wir seit unserer Ankunft vor zwei Jahren ausgetauscht haben, aber es waren viele. Gummidichtungen gibt es hier keine zu kaufen. Entweder bastelt man selber eine oder kauft einen neuen Hahn. Als einmal eine Zuleitung nicht mehr dicht war, verlangte der Sanitärinstallateur eine alte Flip-Flop-Sandale, wie sie hier alle tragen. James ging in der näheren Umgebung des Hauses auf die Suche und kam bald mit einer kaputten Sandale zurück, aus welcher der Installateur das nötige Gummistück schnitt, um die Leitung wieder dicht zu machen. Der WC-Spülkasten hingegen wurde schon zweimal vergeblich repariert, das Wasser floss weiterhin ohne Unterlass nutzlos die Schüssel hinunter. Schliesslich beschlossen wir, den Kasten zu ersetzen. Dies war leichter gesagt als getan, denn in dieser Stadt, an der ich schätze, dass es in den Läden nicht unzählige Sorten Joghurt, Käse oder Fruchtsaft gibt, scheint es jedoch unzählige WC- und Spülkastenmodelle zu geben. Vor dem Kauf des Spülkastens musste der Handwerker den kaputten abmontieren, und dazu brauchte er eine Metallsäge. Handwerker haben selten Werkzeuge dabei, und der «fundi bomba», der Sanitärinstallateur, hatte nur eine Zange mitgebracht. So fuhren wir mit ihm in die Stadt, um eine Metallsäge zu kaufen.

Mit dem alten Spülkasten als Muster gingen wir anschliessend von einem Laden zum anderen, um das Modell zu finden, das auf unsere WC-Schüssel passt. Dies dauerte lange, denn nachdem der Handwerker dem Verkäufer jeweils erklärt hatte, was wir brauchten, ging ein Angestellter ins Lager, das in einiger Entfernung vom Laden ist, um das Verlangte zu suchen. Dann wurde gemessen, verglichen und als unbrauchbar verworfen. Schliesslich sahen wir ein, dass wir nicht nur einen Spülkasten, sondern ein WC mit Spülkasten kaufen mussten.

Nach mehreren Ladenbesuchen zog ich es vor, draussen zu warten. Während des Wartens konnte ich bei fliegenden Gemüsehändlerinnen, die ihre Becken voller Ware auf dem Kopf balancieren, bequem meine Wocheneinkäufe machen. Sie stellten die schweren Plastikbecken auf den Boden und machten mit geübter Hand vor meinen Füssen Häufchen von je vier Stück, denn der sogenannte «fungu» ist mangels Waage im Strassenverkauf und auf dem Markt die Masseinheit. Eine der Frauen bot Tomaten an, die nächste Zwiebeln, eine Kartoffeln, und schliesslich erstand ich noch eine Ananas. Endlich kam der Installateur mit dem passenden WC mit Spülkasten und den nötigen Rohren aus dem Laden. Bei uns zu Hause arbeitete er weitere drei Stunden, um den nur halb passenden Kasten zu fixieren. Das Ergebnis war enttäuschend, beim Spülen floss nur ein dünner Strahl Wasser, und es tropfte weiterhin. Es war Samstag, und der Handwerker versprach, am Montagmorgen weiter zu arbeiten, bis die Spülung funktioniere. Am Montagnachmittag war es tatsächlich so weit.

Nach dieser Reparatur waren wir wieder um eine Erfahrung reicher mit Handwerkern und Ersatzteilen. Die «fundi», die Handwerker, sind meist nach dem «learning-by-doing»-Prinzip ausgebildet, denn eine organisierte Berufslehre gibt es nicht, und das Angebot an Berufsschulen ist sehr begrenzt. In einem Haushalt wie dem unseren müssen Handwerker zudem Dinge flicken, die sie selbst zu Hause nicht besitzen: WC-Schüsseln, Spülkästen, elektrische Leitungen und Lampen, Kühlschränke, Elektro- und Gasherde. Nur knapp fünfzehn Prozent der tansanischen Bevölkerung haben zu Hause Strom, und auch fliessendes Wasser steht nur einer Minderheit zur Verfügung.

Paulina Mbabala

Geboren 1959 in Kigwe, Region Dodoma

«Sie boten
siebenundzwanzig Kühe
als Brautpreis»

Kigwe ist ein ruhiges unspektakuläres Dorf in einer malerischen Landschaft. Es liegt rund zehn Kilometer abseits der Asphaltstrasse, die nach Dodoma führt. Rostrote Sandwege und -pfade ziehen sich durch die Buschlandschaft, aus der Schirmakazien und Baobabbäume ragen. Ein Hügelzug aus riesigen Granitblöcken begrenzt die topfebene Gegend. In der Regenzeit wachsen Mais, Bohnen, Hirse, Erdnüsschen und Melonen auf den Feldern der Dorfbewohner. Sie leben in niedrigen, erdfarbenen Häusern mit Flachdächern ohne Strom und ohne fliessendes Wasser. Kigwe hat eine Bahnstation, die aus der deutschen Kolonialzeit stammt. Der Ort liegt an der Central Line, die von Dar es Salaam über tausendzweihundertfünfzig Kilometer nach Kigoma am Tanganyikasee quer durchs ganze Land führt. Wenn einer der seltenen Züge angesagt ist, belebt sich der Bahnhof mit vielen Händlerinnen und Händlern mit Becken voller Tomaten, Bananen und Brotfladen, die sie den Reisenden anbieten.

In diesem Dorf ist Paulina Mbabala als eines von zwölf Kindern in den 1960er-Jahren aufgewachsen. Von ihren Geschwistern sind sieben bereits gestorben, sechs davon als kleine Kinder. «Wir waren sehr arm, wir schliefen zu fünft oder sechst auf einem Fell auf dem gestampften Erdboden, auf dem immer viel Ungeziefer herumkroch. Wir bedeckten uns mit Mamas ‹kanga›. Um sechs Uhr morgens holte Mama das Tuch und band es sich wieder um. Ich wusste damals nicht einmal, dass es Unterwäsche gibt, wir hatten keine. Als ich die Menstruation bekam, musste ich an diesen Tagen jeweils zu Hause bleiben, weil ich nur Lumpen hatte, die ich mir zwischen die Beine klemmte, aber nichts, um sie zu befestigen.»

Dank der katholischen Mission in Kigwe konnte Paulina die ersten vier Schulklassen besuchen. Sie war bereits sechzehnjährig, als sie die vierte Klasse abschloss. Eine weitere Schulbildung blieb Paulina verwehrt. «Meine Eltern hatten weder Geld noch sahen sie den Sinn ein, uns Kinder in die Schule zu schicken. Als ich zwölf war, kamen Männer vom Hirtenvolk der Massai zu meinem Vater, einer von ihnen wollte mich heiraten. Sie boten siebenundzwanzig Kühe als Brautpreis. Ich verdanke es meinem Onkel, dass ich damals nicht verheiratet wurde, er wollte nicht, dass ich mit den Massai weggehe. Er sagte, mehrere Frauen aus unserem Dorf hätten Massai geheiratet, und wenn sie gestorben seien, habe man nicht einmal gewusst, wo ihr Grab sei. Mein Vater war verärgert und schickte mich von zu Hause weg, ich solle heiraten! Ich ging zu meiner Grossmutter, aber auch sie drängte mich dauernd, zu heiraten. Bei meiner ersten Menstruation hatte sie mir eine Kordel gegeben, die sie mit etwas Menstruationsblut bestrich, und an die sie ein kleines Säcklein mit Kräutern hängte. Ich solle diese Kordel immer um die Taille tragen, um nicht schwanger zu werden, und sie nur ablegen, wenn ich mich wasche. Mit sechzehn lernte ich einen Jungen kennen, den ich mochte. Er war vier Jahre älter als ich. Wir hatten Sex zusammen, aber ich wurde nicht schwanger. Doch dann fragte er eines Tages, was dieses Ding sei um meine Taille. Ich solle es ausziehen, ich solle nicht an solche Zauberei glauben. Ich gehorchte und wurde schwanger, darauf hat er mich verlassen.»

Paulina brachte den Sohn Isaak im Ambulatorium in Kigwe zur Welt, es war im Jahr 1977. Isaaks Vater kümmerte sich nicht um Mutter und Sohn, er zog nach Mpapwa und wurde Lehrer. Erst als Isaak bereits in der Mittelschule war, tauchte er eines Tages in der Schule auf. «Isaak erzählte mir, er habe ihm gesagt, er solle zu ihm nach Hause kommen, er werde ihm Hefte und eine Schuluniform geben. Ich riet ihm, nicht zu gehen. Wenn sein Vater sich so lange nicht um ihn gekümmert habe, brauche er dies nun auch nicht mehr zu tun.»

Die ersten sechs Monate nach der Geburt von Isaak hatte Paulina bei den Eltern gewohnt. Dann war ein alter Freund von ihr aufgetaucht, Severino. Er arbeitete seit zwei Jahren in Dar es Salaam als Schreiner, er fabrizierte Holzrollen, auf denen dicke Kabel aufgerollt wurden. Nun war er nach Kigwe gekommen, um Paulina zu fragen, ob sie seine Frau werden wolle. «Ich sagte ja. Darauf redete er mit meinen Eltern und bezahlte den Brautpreis, vier Kühe und sechs Ziegen. 1978 bin ich mit dem kleinen Isaak zu ihm nach Dar es Salaam gezogen. Das erste Ehejahr war schön, und ich war glücklich. Aber dann begann er im September 1979 zu trinken, und wenn er zu viel getrunken hatte, war es die Hölle. Er schlug mich mit allem, was ihm in die Hände kam, mit Gläsern, Flaschen und Stühlen.» Paulina zeigt mehrere Narben an ihrem Körper, die von den vielen brutalen Schlägen zurückgeblieben sind. «Er war schrecklich eifersüchtig und glaubte, ich sei in seiner Abwesenheit mit anderen Männern zusammen. Morgens beim Anziehen sagte er mir zum Beispiel, ich solle ja meine Unterhose nicht wechseln, bis er zurück sei, und ähnlichen Unsinn. Nach ein paar Monaten hielt ich dieses Leben nicht mehr aus und kehrte nach Kigwe zurück.»

Zwei Jahre blieb Paulina in Kigwe. In dieser Zeit gebar sie ein zweites Kind, das Mädchen Calista, mit dessen Vater sie jedoch nie zusammenlebte. Dann klopfte Severino erneut bei ihr an. Er versprach Besserung und wollte sie wieder nach Dar es Salaam mitnehmen. Er war in Begleitung seines Arbeitgebers, und Paulina glaubte den beiden, dass Severino nicht mehr trinke. Ihre Eltern verlangten aber, dass er ihre Tochter jetzt auch rechtskräftig heirate, wenn er sie mitnehmen wolle. So heirateten die beiden 1982 in der katholischen Kirche in Kigwe, und darauf kehrte Paulina mit ihrem Mann und den Kindern Isaak und Calista nach Dar es Salaam zurück.

Die kleine Calista starb wenig später an Hirnhautentzündung. «Es war schlimm, sie war nur einen Tag krank und starb noch am selben Tag. Bei der Beerdigung bin ich ohnmächtig geworden, ich weiss von nichts mehr, am nächsten Tag bin ich im Spital aufgewacht.» Im folgenden Jahr kam Frenki zur Welt, das erste Kind von ihrem Mann Severino, und in den nächsten zehn Jahren gebar Paulina noch drei weitere Kinder, Emanufredi, Deo und das Mädchen Bitriz. 1987 verlor sie zum zweiten Mal ein Kind: Emanufredi starb als Zweijähriger.

Severino, der Ehemann, hatte entgegen seinen Beteuerungen nie wirklich aufgehört zu trinken, und wenn er betrunken war, schlug er seine Frau wieder. Er blieb immer öfters von zu Hause weg und schlief mit anderen Frauen. Vierzehn Jahre ertrug Paulina dieses Leben voller Gewalt, Ängsten und Kränkungen, dann ging sie 1996 mit ihren vier Kindern wiederum nach Kigwe zurück. Sie wollte die Scheidung, aber ihr Mann wehrte sich. «Wir gingen zusammen zum Pfarrer, und ich sagte, ich sei bereit, mich nicht scheiden zu lassen und vielleicht auch weiter mit ihm zu leben, wenn er sein Leben ändere und wenn er bereit sei, zusammen mit mir einen Aids-Test zu machen. Ich hatte Angst, meine Kinder als Waisen zurückzulassen, sollte er krank sein und mich anstecken. Als er meine Forderung hörte, wurde er unheimlich wütend und kehrte sofort nach Dar es Salaam zurück. Ich habe ihn danach nicht mehr gesehen bis kurz vor seinem Tod.»

Paulina machte den Aids-Test, er war zu ihrer Erleichterung negativ. Nun musste sie schauen, wie sie sich und die vier Kinder durchbringen konnte. Sie wohnte nur wenige Tage bei den Eltern, die ein kleines Haus mit zwei Räumen haben, mietete sich dann ein Zimmer und später eine eigene Wohnung. Ihr ältester Sohn besuchte inzwischen die Mittelschule, und sie wusste nicht, womit sie das Schulgeld bezahlen sollte. Da half ihr ein befreundeter Priester mit einem Darlehen von zwanzigtausend tansanischen Schilling, damit sie anfangen konnte, Hirsebier, «pombe», zu brauen. «Ich schämte mich am Anfang, auf den Markt zu gehen, um selbst gemachtes Bier zu verkaufen, dies umso mehr, da ich unter dem Alkoholismus meines Mannes so sehr gelitten hatte. Aber was blieb mir anderes übrig? Ich besass nichts und hatte keine Schulbildung. Mit dem Verkauf des Biers konnte ich mich und die Kinder ernähren.»

Als 1998 die italienische Hilfsorganisation «Kisedet» in Kigwe tätig wurde, fand Paulina dort Arbeit. Die Projektleiterin Giovanna Moretti nahm sie mit auf ihre Besuche in die Dörfer, um die Bedürfnisse der Leute abzuklären. Paulina kannte die einheimische Kultur und Sprache und auch viele Menschen in der Gegend. Nach und nach arbeitete sie sich ein und übernahm zunehmend Verantwortung. Heute ist sie eine der Projektverantwortlichen, und ihre Vorgesetzte ist überzeugt, dass sie es noch viel weiter hätte bringen können, hätte sie die Möglichkeit gehabt, höhere Schulen zu besuchen.

Im Jahr 2000 starb Paulinas Ehemann Severino an Aids und am Alkohol. Als er schon sehr krank war, erhielt Paulina einen Brief von einem ihrer Brüder, der mit Severino zusammenarbeitete. Er bat sie, ihren Ehemann nach Kigwe zu holen, er lebe in erbärmlichen Zuständen. Paulina hatte aber kein Geld für die Reise nach Dar es Salaam, eben war Sohn Frenki von der Mittelschule weggeschickt worden, weil sie das Schulgeld noch nicht bezahlt hatte. So begleitete ihr Bruder Severino nach Kigwe, und Paulina pflegte ihn. «Nach einer Woche sind seine Schwestern aus dem Nachbardorf gekommen und haben gesagt, sie würden ihren Bruder mitnehmen. Sie warfen mir vor, ich hätte ihn verlassen und sei zu den Zauberern gegangen, damit er krank werde. Er weinte, als sie ihn abholten. Ich ging ihn noch dreimal besuchen. Die Schwestern stellten ihm jeweils am Morgen, bevor sie aufs Feld gingen, eine Flasche Milch hin und liessen ihn allein. Beim dritten Besuch sagte mir Severino, er werde bald sterben, ich solle ihn holen kommen, er wolle in Kigwe neben seinem Sohn Emanufredi beerdigt werden. Meine Verwandten wollten ihn holen, aber die Schwestern haben Zetermordio geschrien und gesagt, ich sei eine Hexe, mir könnten sie den Bruder nicht überlassen. Drei Tage später ist Severino gestorben. Sie meldeten mir seinen Tod und sagten, ich könne ihn nun holen und in Kigwe begraben. Ich weigerte mich, sie hatten ihn mir nicht lebend geben wollen, so sollte er nun auch in ihrem Dorf begraben werden. Sie hatten nicht einmal ein Leichentuch. Mein Freund Matei kaufte das Laken, die Seife und das Öl, und wir begruben ihn in seinem Dorf. Ich hatte nicht das Geld, um ihn die fünfzehn Kilometer nach Kigwe zu transportieren. Aber wir haben seine Kleider nach Kigwe mitgenommen und dort die Totenwache gehalten und auch den vierzigsten Tag nach seinem Tod mit Verwandten und Freunden in meinem Dorf begangen.»

Im folgenden Jahr zog Paulina mit Matei zusammen. Matei hätte gerne ein Kind mit ihr gehabt, aber Paulina überzeugte ihn, dass sie schon genügend zu kämpfen hatten, um die grosse Familie durchzubringen. Zudem sei sie nicht mehr jung. «Es war vor allem seine Mutter, die ihn unter Druck setzte. Sie fragte ihn vorwurfsvoll, warum er mit mir zusammenlebe, wenn er nicht einmal ein Kind von mir habe?»

Paulina kannte sich aus mit Verhütungsmitteln. Nach der Geburt von Bitriz hatte sie jeweils die Dreimonatsspritze machen lassen, und später liess sie sich eine Verhütungsmittelkapsel unter die Haut setzen, die fünf Jahre wirksam bleibt. Information über Familienplanung ist eine der Aufgaben von Paulina im Projekt Kisedet. Das schwierigste dabei sei, die Männer zu überzeugen, ihre schriftliche Einwilligung zu geben, wenn die Frau eine Unterbindung wünsche. Paulina begleitet fast jede Woche ein, zwei Frauen, die sich unterbinden lassen wollen, nach Dodoma zum Gynäkologen.

Zusammen mit Kollegen von Kisedet begleite ich Paulina Mbabala gegen Ende des Schuljahres 2009 bei einem Schulbesuch in Chigongwe, einem der Dörfer in der Region, wo «Kisedet» Kindern aus mittellosen Familien den Schulbesuch ermöglicht. Bei solchen Treffen mit Schulkindern, ihren Eltern und den Lehrkräften ist Paulina in ihrem Element. Sie und ihr Kollege Deo erklären den

Eltern, worum es heute geht: Die Kinder sollen ihren ausländischen Sponsoren einen Brief schreiben oder eine Zeichnung machen und sich fotografieren lassen, als Dank für die Spenden. Gleichzeitig bietet die Zusammenkunft Gelegenheit, über verschiedenste Probleme zu sprechen. Was tun, wenn eine Sekundarschülerin einfach davonläuft und nicht mehr zur Schule kommt? Oder wenn die Ernte so schlecht war, dass das Essen zu knapp ist und die Kinder den weiten Schulweg nicht mehr verkraften?

So richtig in Fahrt kommt Paulina, als sie berichtet, dass «Kisedet» Mütter unterstütze, die sich unterbinden lassen wollen. Mit Temperament und Witz und Anekdoten erklärt sie, dass sich die Zeiten geändert haben, dass Kinder heutzutage eine Schulbildung brauchen, wenn sie Arbeit finden wollen. Eltern müssten sich deshalb um die Kinder kümmern. «Ihr dürft sie nicht einfach wie Hühner im Hof herumlaufen lassen! Aber wenn eine Frau zehn Kinder und mehr auf die Welt stellt, wie kann sie sich dann um jedes einzelne kümmern? Woher nimmt sie das Geld für Essen, Schuluniform und Schulmaterial?» Paulina spricht einzelne Frauen direkt an, mehrere haben einen Säugling im Arm. «Wie alt bist du? Wie viele Kinder hast du? Fünf? Wenn du jetzt fünfundzwanzig bist, kannst du noch weitere zehn haben, willst du das? Drei, vier Kinder sind heute schon genug, wenn ihr euch um sie kümmert.» Sie versichert, dass die Unterbindung eine harmlose Operation sei und dass sie die Frauen begleite, wenn sie zum Eingriff nach Dodoma gingen. Zuvor müssten sie aber zusammen mit dem Mann die nötigen Formulare ausfüllen und unterschreiben. Die Frauen und wenigen Männer hören schweigend zu, nur ab und zu ein schüchternes Lachen oder eine Frage, aber das Eis ist gebrochen, Frauen, die ein Anliegen haben, werden sich bei Paulina in Kigwe melden.

Bei ihrer Arbeit kann sich Paulina neben ihrem Einfühlungsvermögen und ihrer Unerschrockenheit auf ihre eigene Lebenserfahrung stützen. Sie sieht ihre persönliche Situation klar, und es fällt ihr nicht schwer, offen darüber zu reden, offener jedenfalls, als es in der hiesigen Tradition üblich ist. Zudem hat sie eine gute Portion Humor, der ihr in vielen Lebenslagen hilft und ansteckend wirkt. Nach einem weiteren Schulbesuch sind alle erschöpft, erhitzt, durstig und hungrig. Wir machen Mittagspause in einem kleinen Restaurant in Kigwe. Aus der gleissenden Sonne treten wir über die Steinschwelle in einen düsteren Raum mit gestampftem Erdboden und setzen uns auf die Bänke am rohen Holztisch. Auf dem Holzkohlenfeuer im hinteren Raum hat die Wirtin Reis und Gemüsesauce mit etwas Fleisch zubereitet. Wir löffeln das schmackhafte Essen, und Paulina unterhält die Tischrunde mit treffenden Imitationen von Menschen aus dem Dorf, angefangen beim Pfarrer. Die Müdigkeit verfliegt, und alle lachen herzhaft. Aus dem Lachen, das nichts Boshaftes hat, schöpfen die Leute wieder Energie, um ihr anstrengendes Leben zu meistern.

Seit neun Jahren lebt Paulina Mbabala mit Matei zusammen. «Wir Afrikaner sind ein wenig opportunistisch», kommentiert sie den damaligen Entscheid, zusammenzuziehen, «das harte Leben hat uns opportunistisch werden lassen. Wahrscheinlich würde Matei nicht mit mir und meinen vier Kindern zusammen leben, wenn ich nicht diese Anstellung bei ‹Kisedet› hätte, denn dann müsste er meine Kinder ernähren. Ich weiss, dass er mich gern hat, aber in unserer Kultur wäre ein Mann wie Matei, ohne regelmässiges Einkommen, nicht mit mir zusammen, wenn ich nicht allein für mich und die Kinder sorgen könnte. Er hat selbst achtzehn Kinder, von denen nun zwei bei uns leben. Bevor wir uns kennenlernten, hatte er drei Frauen, die ihm fünfundzwanzig Kinder geboren haben. Sieben davon starben früh. Er verliess die drei Frauen und kam zu mir, er war mit keiner verheiratet. Auch wir sind nicht verheiratet, noch nicht, wir denken aber daran, zu heiraten.»

Matei ist ein kleiner Händler und Bauer, er bringt kaum Geld nach Hause. Aber er respektiert Paulina, schlägt sie nicht, und sie kommen gut miteinander aus. Auf die Frage, wie sie es mit dem

Aufteilen des Geldes halten, meint sie zunächst, dies sei meist kein Problem. Aber dann erzählt sie zwei Geschichten, die ihr sehr zugesetzt haben. «Wenn ich Geld habe, kaufe ich zuerst zu essen, und dann bezahle ich das Schulgeld für die Kinder. Anfang Jahr hatte ich vierzigtausend tansanische Schilling verdient, mit der Hälfte davon kaufte ich zwei Kübel Mais, mit dem Rest wollte ich Deos Schulgeld bezahlen. Matei sagte, er gehe bezahlen, und ich gab ihm das Geld. Als ich die Quittung verlangte, hatte er eine Menge Ausreden, weshalb er sie nicht habe. Dann kam eines Tages Deo nach Hause und sagte, sie hätten ihn von der Schule gejagt, weil das Schulgeld nicht bezahlt sei. Ich ging mich erkundigen und erfuhr, dass Matei mit meinem Geld das Schulgeld einer seiner Töchter bezahlt hatte. Er hat es zugegeben, aber bis heute habe ich das Geld nicht zurückgekriegt. An jenem Tag habe ich nur geweint und nichts gegessen. Später habe ich das Schulgeld für meinen Sohn bezahlt, aber ich habe immer noch Schulden bei der Schule.»

Noch schlimmer ist die Geschichte mit den Ochsen, die Paulina mit einem Darlehen von «Kisedet» in der Höhe von zweihunderttausend tansanischen Schilling kaufen wollte. «Als ich für ein paar Tage nach Dar es Salaam in die Ferien ging, sagte Matei, er gehe in dieser Zeit zwei junge Ochsen im Dorf Zanza kaufen, wo sie günstig zu haben seien. Ich gab ihm das Geld, aber als ich wieder nach Hause kam, waren keine Ochsen da. Ich beklagte mich bei Mateis jüngerem Bruder, der viele Kühe und Ochsen hat. Er hat mir einen seiner jungen Ochsen gegeben, und dann hat er seinen Bruder gerufen und ihm alle Schande gesagt. Er drohte ihm, er solle sich in acht nehmen, wenn ich ihn aus dem Haus werfe, werde er dies nicht lange überleben. Ich weiss noch heute nicht, was Matei mit dem Geld angestellt hat. Nun habe ich nur einen Ochsen, und ich hatte so darauf gehofft, mit zwei Ochsen etwas Geld verdienen zu können. Sie sind als Arbeitstiere auf dem Feld sehr gefragt, auch um Ziegelsteine und anderes zu transportieren.»

Etwa ein Jahr später hat es Paulina geschafft, auch einen zweiten Ochsen zu kaufen. Nun hat sie beim Schreiner einen Wagen bestellt, damit Matei mit Ochsen und Wagen Transporte machen und so etwas verdienen kann.

Paulina ist zufrieden mit dem, was sie bisher in ihrem Leben erreicht hat. Alle Kinder konnten die Schule besuchen, zum Teil dank Unterstützung durch die Pfarrei und durch «Kisedet». Die beiden ältesten Söhne, Isaak und Frenki, haben die Primar- und Mittelschule mit insgesamt elf Schuljahren abgeschlossen. Isaak arbeitet in Dodoma als Maurer für eine chinesische Firma, die die Universität baut, und Frenki hat eine Stelle in einer Waffenfabrik der Armee in Morogoro. Frenki hat schon eine zweijährige Tochter und wird demnächst heiraten.

Freude hat Paulina auch an ihrem kleinen Haus aus Backsteinen und mit Wellblechdach, das sie mit Unterstützung von «Kisedet» bauen konnte. Es hat drei Schlafzimmer und einen Wohnraum. Für die sechsköpfige Familie scheint es eng. Die Wände sind unverputzt, die Fenster haben keine Scheiben, nur Eisenstäbe, und Möbel gibt es eigentlich keine ausser den Betten aus rohen Holzstangen. Aber immerhin haben sie ein dichtes Dach über dem Kopf, und die Wände müssen nicht nach jeder Regenzeit neu zugepflastert werden. Ein Eckraum des Häuschens ist als Laden, eine Art Lebensmittel-Kiosk, vermietet, das gibt eine kleine Mieteinnahme. Die Küche und die Latrine sind in zwei separaten Lehmhüttchen im Hof untergebracht. Wasser zum Kochen, Trinken und Waschen holen die Kinder oder Paulina an einer der Wasserstellen im Dorf, neun Zwanzig-Liter-Eimer benötigt die Familie täglich. Wenn es dunkel wird, je nach Jahreszeit um sechs oder um sieben Uhr, spenden Petroleumlampen ein wenig Licht im Haus.

«Wir sind immer noch arm, aber meine Kinder haben genügend zu essen, sie haben Kleider, eine Schuluniform, Schuhe, ein Bett, wenn auch nur das einfache Holzbett mit einem Geflecht aus

Stricken, ohne Matratze. Ich rede viel mit meinen Kindern, erzähle ihnen auch von meiner harten Kindheit, kläre sie über die Gefahren von Aids auf und halte sie zum Lernen an. Die Mädchen sollen sich nicht von den Jungen den Kopf verdrehen lassen, was können diese ihnen schon bieten? Nur mit einer guten Schulbildung können sich die Kinder eine bessere Zukunft erhoffen.»

Von Religion und Hexerei

«Seid ihr gestern im Gottesdienst gewesen», fragt uns der Lehrer im Sprachkurs in Iringa am Montagmorgen. Wir verneinen, und er will wissen, warum nicht. Wir erklären ihm, dass es in Tansania unsere reformierte Kirche nicht gibt, aber dass wir auch in der Schweiz selten einen Gottesdienst besuchten. Nur noch wenige Leute würden bei uns jeden Sonntag in die Kirche gehen. Er ist verwundert, denn die Mehrzahl der Weissen hier sind Missionarinnen und Missionare und somit fleissige Kirchgänger, und er glaubte, dies gelte für alle Leute in Europa und den USA. «Ja, wenn es einem gut geht, braucht man vielleicht Gott nicht mehr», ist seine logische Schlussfolgerung, «wir Tansanier brauchen den Glauben an Gott.» Er ist aus einer Familie, die zum Teil christlich und zum Teil muslimisch ist, und geht manchmal in die Moschee und manchmal in eine christliche Kirche. «Es gibt nur einen Gott, und deshalb ist es nicht wichtig, wo ich zu ihm bete.»

Diese religiöse Toleranz ist verbreitet in Tansania, auch wenn manche Menschen strengere Grenzen zwischen den Religionen ziehen und beispielsweise gegen gemischte Ehen sind. Doch die Religionen leben in Tansania friedlich nebeneinander.

In Dodoma gibt es fünf grosse, weithin sichtbare Gotteshäuser: Die katholische Kathedrale, die anglikanische Kirche, ihr gegenüber die lutherische, daneben die Moschee der Ismaeliten und am anderen Ende des Stadtzentrums die neu erbaute, von Gaddafi gestiftete Moschee. Die alte Moschee steht mitten im Zentrum an einer engen Strasse, und am Freitag strömen viele Männer und Buben in den weissen langen Hemden mit der «barakashia» auf dem Kopf zum Freitagsgebet. Die Frauen sitzen gegenüber der Moschee eng gedrängt unter der Laube eines Verwaltungsgebäudes und hören das Gebet aus den Lautsprechern vom Minarett herunterschallen. In der anglikanischen und der katholischen Kirche gibt es Gottesdienste auf Kiswahili und je einen auf Englisch. Der englischsprachige ist mager besucht, obwohl die Mehrzahl der Weissen regelmässig in die Kirche geht, aber es leben wenig Weisse in Dodoma. Bei den Gottesdiensten in der Landessprache ist die Kirche immer voll, manchmal stehen die Leute dicht gedrängt bis zum Ausgang, und der Gesang tönt laut und fröhlich, nicht mager und zögerlich, wie ich es von unseren Kirchen kenne.

Neben den grossen Kirchen und Moscheen gibt es unzählige kleine Gotteshäuser von Freikirchen und Sekten, die von aussen kaum zu erkennen sind, weil sie in einem einfachen Haus mit Wellblechdach untergebracht sind. Manchmal läuft es mir kalt den Rücken herunter, wenn ich an einer der fundamentalistischen Kirchen vorbeikomme, die oft amerikanischen Ursprungs sind, und der Prediger den Gläubigen mit kreischender Stimme die Leviten liest. Hier und da finden auch lautstarke Teufelsaustreibungen und Sündenbekennungen statt.

Der Glaube, welcher auch immer, ist für die meisten Menschen in Tansania nicht nur wichtig, sondern etwas ganz Selbstverständliches, und Gott oder Allah wird bei vielen Gelegenheiten erwähnt. So verabschiedet man sich für eine längere Zeit oft mit der Formel: «Auf Wiedersehen, so Gott will!», oder bei einem Unglück heisst es: «Es war Gottes Wille.» Manchmal bin ich in solchen Situationen um eine Antwort verlegen, weil mir das Wort Gott nicht so leicht wie ihnen über die Lippen kommt.

Neben dem christlichen und dem islamischen Glauben leben in Tansania auch die Naturreligionen fort. Schätzungsweise ein Drittel der Bevölkerung ist muslimisch, ein Drittel christlich, und ein Drittel sind Anhänger einer Naturreligion. Und manchmal sind die Grenzen fliessend, dies gilt auch für den Glauben an Zauber und Hexerei, namentlich wenn es um Gesundheitsprobleme geht. Unser Wächter James, der die katholische Kirche besucht, bat uns einmal um ein paar Tage Urlaub, um nördlich von Arusha, mehr als eine Tagesreise von Dodoma entfernt, einen Zauberer zu besuchen, weil er unter seltsamen Schmerzen litt, für die der Arzt weder eine Erklärung noch eine Medizin fand. Er kam nach ein paar Tagen ohne Geld, aber mit einer pflanzlichen Medizin zurück und der Aufforderung, nach zwei Monaten wieder vorbeizukommen. Die Schmerzen nahmen mit der Zeit ab, aus welchem Grund auch immer, und James machte die weite Reise kein zweites Mal. Er hatte einen möglicherweise etwas geldgierigen, aber ungefährlichen und vielleicht fähigen Zauberer oder Naturheilarzt besucht.

In der tansanischen Presse ist immer wieder von Morden an alten Frauen und an Albinos zu lesen. Vor allem im Norden des Landes kommt es vor, dass Frauen von einem Zauberer der Hexerei angeklagt werden und danach umgebracht werden. Die makabren Berichte über den Handel mit Körperteilen von Albinos sind bis nach Europa gedrungen. Obwohl Politiker diese Verbrechen verurteilen und Massnahmen dagegen versprechen, ist der Aberglaube noch nicht ausgerottet, dass Körperteile von Albinos Glück bringen, Reichtum für Fischer, Goldgräber und andere. Ein ermutigendes Zeichen ist, dass sich die Albinos nun organisiert haben und an die Öffentlichkeit treten. Und seit 2008 sitzt eine Albinofrau im tansanischen Parlament, die Juristin Al-Shymaa Kwegyir. Sie wurde von Staatspräsident Jakaya Kikwete ernannt. Der Präsident kann zehn der insgesamt dreihundertvierundzwanzig Parlamentsmitglieder selbst bestimmen. Bei den Wahlen im Oktober 2010 wurde zudem erstmals ein Albino vom Volk ins Parlament gewählt, Salum Khalfani Bar'wani aus Lindi.

Mussa Motto

Geboren 1966 in Mahoma Makulu, Region Dodoma

«Ich bin noch nicht zufrieden mit dem, was ich erreicht habe»

An einem Sonntagmorgen in der Trockenzeit fahren mein Mann und ich mit Mussa Motto in seinen Geburtsort Mahoma Makulu. Das Dorf ist nur etwa fünfundzwanzig Kilometer von Dodoma entfernt, aber die letzten zehn Kilometer führen über eine sehr holprige Sandpiste, auf der wir nur langsam vorankommen. Kurz nach der Abzweigung von der Hauptstrasse bittet Mussa, anzuhalten und die beiden Fussgänger am Strassenrand mitzunehmen. «Es ist mein Schwiegervater mit seinem Freund», erklärt er. Die beiden alten Männer steigen lachend ein, sie sind vom Stadtrand von Dodoma schon seit Tagesanbruch unterwegs, aber bester Laune. Er habe den Brautpreis für eine seiner Töchter abgeholt, erklärt Mussas Schwiegervater stolz. Bei solch einer Gelegenheit wird meist tüchtig lokales Bier ausgeschenkt, und dies mag die Laune der beiden Alten zusätzlich gehoben haben. Später frage ich Mussa, was er denn dem Schwiegervater für seine Frau Agnes vor Jahren bezahlt habe. «Sieben Kühe und vier Ziegen. Mein Onkel und andere Verwandte haben mir etwas geholfen, das Geld dafür zusammenzubringen.» Damals war Mussa jung und hatte noch keine eigene Kuhherde.

Im Dorf steigen die beiden Männer aus, und wir fahren durch einen immer enger werdenden Pfad, der bald nur noch ein Fusspfad ist, bis zum Elternhaus von Mussa. An verschiedenen Stellen zeigen tiefe Rinnen in der festgestampften Erde an, wo das Durchkommen in der Regenzeit schwierig wird. Ein weisses Haus am Wegrand trägt am Giebel des Daches ein Kreuz aus Beton. «Das ist die anglikanische Kirche», erklärt Mussa, «ich habe mitgeholfen, sie zu bauen. Meine Mutter war sehr aktiv in der Kirche. Auch für mich ist die Kirche wichtig, meist gehe ich jetzt aber in die Kirche in unserem Quartier Chang'ombe in Dodoma.» Nicht weit entfernt von der Kirche stehen mitten in einem brachliegenden Feld drei massive Gräber aus Beton, jenes von Mussas Vater, seiner Mutter und einer Schwester. Wir besuchen die kahlen Grabstätten und lesen die Inschriften, die mit schwarzer Farbe auf die Betonkreuze gepinselt sind. Vater Matiasy starb mit dreiundsiebzig Jahren, die Tochter Janeth bereits mit siebzehn. Auf dem Kreuz der Mutter fehlt das Geburtsjahr. Ihr Todestag ist der 12. November 2001, auf den Tag genau ein Jahr, nachdem ihr Mann gestorben ist. Sie kam auf dem Heimweg von einer Beerdigung bei einem Autounfall ums Leben.

Die Gräber sind in Sichtweite des Elternhauses. Dieses steht in der kahlen, dem Wind ausgesetzten Ebene von Mahoma, die in dieser Jahreszeit unter der unerbittlichen Sonne in hellen Gelb- und Brauntönen flimmert. Ein paar immergrüne Bäume, vorwiegend Schirmakazien, setzen wohltuende dunkle Akzente in die Landschaft.

Vor dem Haus ist für das Vieh ein dreieckiger Platz mit dicken, ineinander geflochtenen Ästen eingezäunt. Nachts finden sie hier Schutz vor Dieben und Hyänen. Daneben steht ein niedriger, langgezogener Stall aus Lehmziegeln für die Ziegen und Hühner, und im rechten Winkel dazu das etwas höhere Wohnhaus aus verputzten Ziegelsteinen und Wellblechdach, in dem Mussa mit seinen neun Geschwistern aufwuchs. Jetzt wohnt Mussas erstgeborener Sohn Venance mit Frau und Kind hier. Er kümmert sich um das Vieh von Mussa.

Wir treten vom Hof in den Wohnraum. Ein paar Erwachsene und Kinder sitzen auf dem Zementboden oder auf Dreibeinschemelchen um ein Becken voller Erdnüsschen, die sie schälen. «Karibuni – Willkommen!», werden wir begrüsst, und sofort geben sie die drei einzigen Sitzgelegenheiten für uns frei, und wir werden eingeladen, uns an den Erdnüssen gütlich zu tun. Der Raum ist bis auf die Hocker und einen einzigen Stuhl leer, Licht dringt durch die offene Türe und eine kleine Fensterluke ein. An der Decke hängt in einer Ecke ein ausgehöhltes Stück Baumstamm, in dem hübsche, kleine Tauben ihr Nest haben. Mussa will uns noch die weiteren Bewohner des Hauses zeigen. Er schlägt den Vorhang am Eingang zum Raum zurück, der ihm als Schlafzimmer dient, wenn er hier übernachtet. Die obere Hälfte der Aussenwand ist eingestürzt. Vom Dachbalken herunter hängt dort als riesiger Zapfen ein Bienenstock. «Bei einem starken Regen ist die Wand kaputt gegangen, und da hat sich das Bienenvolk diesen windgeschützten Ort ausgesucht. Jetzt warte ich auf den Honig», meint Mussa lachend. «Die Bienen sind nicht aggressiv, sie lassen mich in Ruhe, wenn ich hier schlafe.»

Mussa kommt fast jedes Wochenende mit dem Motorrad hierher, um nach seinem Vieh und den Feldern zu schauen. Mit sichtlichem Stolz führt er uns über die völlig ausgetrockneten Felder zu seiner Herde, die ein Hirtenbub hütet. Es sind gut dreissig kräftige Kühe, Rinder und Stiere in allen Farben, schwarz, braun, grau und gefleckt, und eine Gruppe Ziegen. Die Tiere nagen ruhig an den dürren Halmen, die sie noch finden, und sehen recht gut genährt aus. Ein kleiner Heuvorrat beim Haus dient als Zusatznahrung. «Für uns ‹Wagogo› [Menschen vom Stamm der Gogo] sind die Kühe sehr wichtig. Wenn ich ein Geldproblem habe, kann ich eine Kuh verkaufen und muss nicht Bekannte um ein Darlehen bitten. Vor einem halben Jahr habe ich zwei Kühe verkauft und so mein Haus in Dodoma renovieren können.»
Wir stapfen weiter durch Dornengebüsch zur Wassertränke. Jede Familie hat ihr eigenes Wasserloch gegraben, fünf, sechs Meter tief. Zum Tränken lässt der Hirt einen Eimer an einem Seil ins Wasser, zieht ihn hoch und kippt das trübe Wasser in einen ausgehöhlten Baumstamm. Geduldig warten die Tiere, bis sie an der Tränke an die Reihe kommen. Noch weiter vom Haus entfernt besitzt Mussa hinter einer Dornenhecke einen Obstgarten mit grossen Mango- und Guavebäumen und einem jungen Zitronenbaum. Es ist eine kleine Oase in der dürren Ebene, über die der Wind Staubwolken hinwegfegt.

Das Leben auf dem Hof ohne Strom und Wasser ist sehr ärmlich. Aber im Vergleich zur vorhergehenden Generation, als hier eine zwölfköpfige Familie ohne ein Stück Vieh überleben musste, gibt es Fortschritte. Mussa hat eine Anstellung als Chauffeur in Dodoma, und so kann er seinen Sohn so weit wie nötig unterstützen. Im Dorf wurde eine Schule gebaut, und die Enkelkinder müssen nicht wie er selbst zu Fuss die zehn Kilometer nach Mahoma Manyika laufen.

«Wir waren sechs Buben und vier Mädchen in der Familie, ich war der Zweitälteste. Um sechs Uhr früh gingen wir von zu Hause weg, damit wir um halb acht in der Schule waren. Um vier Uhr nachmittags war die Schule zu Ende, und wir rannten über den Hügel nach Hause, um vor der Dunkelheit anzukommen. Velos hatten wir keine, wir waren zu arm. Es war damals normal für uns, zu Fuss zu gehen. Alle Geschwister konnten die sieben Jahre Primarschule besuchen, das war meinen Eltern wichtig, sie selbst hatten keine Schule besucht. Mein Vater konnte aber lesen und schreiben. Nach dem Ende der Schulzeit ging ich nach Dodoma, um Arbeit zu suchen. Ich fand eine Stelle in der Stadtgärtnerei der ‹Capital Development Authority›, der CDA. Ich pflanzte Blumen und Sträucher, ich machte diese Arbeit nicht ungern, sie erlaubte mir, selbständig zu sein. Wohnen konnte ich günstig bei einem Freund, und so blieb mir von meinem kleinen Lohn noch etwas übrig, um unsere Familie im Dorf zu unterstützen.»

Nach vier Jahren Gartenarbeit konnte Mussa Motto weiterhin bei der CDA arbeiten, jedoch neu als Chauffeur. Der Fahrer, der jeweils Mist zum Düngen der Pflanzen brachte, hatte ihn fahren gelernt. «Später besuchte ich dann noch die Fahrschule und machte die Fahrprüfung. Für das Baugeschäft der CDA holte ich mit dem Lastwagen Zement in Tanga an der Küste oder in Dar es Salaam Wellblech für Dächer. Es waren lange Fahrten, hunderte von Kilometern auf Naturstrassen, auch die Strasse nach Dodoma war damals noch nicht asphaltiert. Vierzehn Jahre arbeitete ich für die Behörde der Hauptstadt, danach wurden die städtische Ziegelei und andere Nebenbetriebe geschlossen, und ich verlor die Stelle.»

Mussa Motto hatte in der Zwischenzeit geheiratet. Als ich ihn nach seinem Geburtsjahr und den Namen seiner Kinder frage, wird mir einmal mehr bewusst, dass Jahreszahlen und Namen in Tansania nicht dieselbe Wichtigkeit haben wie in der Schweiz. Geburtsjahre werden nicht immer registriert, Geburtstage kaum gefeiert, und Vornamen können sich im Laufe des Lebens öfters ändern. Auch die Schreibweise der Namen ist flexibel, so steht auf dem Grab des Vaters von Mussa Motto der Name Matiasy Motto, auf dem Grab der Mutter, gleich daneben, hingegen Aksa Moto mit nur einem «t».

Nachdem Mussa sich beim Geburtenregister und bei seiner Frau erkundigt hat, erfahre ich, dass er 1966 geboren wurde und sechs Kinder hat, Venance und Stella von seiner ersten Frau Janeth, mit der er nicht offiziell verheiratet war, und Winnie, Mathias, Jacqueline und Bibi von seiner jetzigen Frau Agnes.

Seine Frau Agnes stammt aus dem Dorf, in dem er aufgewachsen ist. Er kannte die Familie und verliebte sich in das feingliedrige junge Mädchen mit dem ernsten Blick. Als Mussa den Brautpreis beieinander hatte, heirateten die beiden. Zuerst lebten sie in einem Zimmer in Dodoma, später, als sie Kinder bekamen, baute Mussa ein Haus im Quartier Chang'ombe.

Nach der Kündigung durch die CDA fand Mussa eine neue Stelle als Lastwagenfahrer in einer Privatfirma. «Der Firmenbesitzer hatte mehrere Läden in Dodoma, und ich kaufte in Dar es Salaam für ihn Güter en gros ein. Ausserdem transportierte ich Holz von Tabora nach Dodoma und Kühe von Dodoma nach Dar es Salaam. Die Arbeit als Lastwagenfahrer ist hart, auf den schlechten Strassen bleiben die Fahrzeuge in der Regenzeit oft stecken. Wenn auch nur ein einziger Lastwagen die Strasse versperrt, gibt es lange Wartezeiten. Manchmal mussten ich und mein Beifahrer unterwegs übernachten. Meist schliefen wir im Lastwagen, nur ganz selten in einem Gasthaus, denn wir mussten die Ware bewachen. Weil wir uns vor Dieben fürchteten, schlief jeweils nur einer von uns, der andere wachte.»

Bleibt ein Fahrzeug stecken, gräbt der Fahrer dieses mit Schaufeln aus dem Morast und unterlegt Äste und Holz, damit die Räder wieder greifen. Wenn nötig, lässt er sich von anderen Lastwagen oder Bussen herausziehen, oder er wartet geduldig, bis Hilfe kommt. Es sind Szenen, die für westliche Augen zum Verzweifeln scheinen, manchmal stehen ganze Kolonnen von Lastwagen und Bussen still, diesseits und jenseits eines Fahrzeuges, das quer in der Strasse festsitzt oder umgekippt ist. Von den Afrikanern regt sich niemand sichtlich auf, ruhig graben, schieben und flicken sie, es wird weder geflucht noch sonst dem Ärger Luft gemacht, eher schon wird gelacht, und irgendwann führt die Mühe zum Erfolg.

Einmal erlebte ich, wie Mussa vier Stunden unter einem Landcruiser lag und Schaufel um Schaufel klebrige Erde aushub, und immer quoll neues Wasser aus einem unterirdischen Wasserlauf an die Oberfläche. Er war von der Zehe bis zum Kopf beschmutzt, er gönnte sich keine Ruhe und beklagte sich nicht. Kurz vor dem Einnachten waren die Räder endlich so weit frei und mit Holz unterlegt, dass das schwere Auto mit Hilfe von einem Dutzend schiebenden Männern und einem ziehenden Landrover auf festen Boden kam.

Das war die Zeit, als Mussa nicht mehr Lastwagenchauffeur war. Etwa achtzehn Jahre, bis Ende der 1990er-Jahre, hatte er die schweren Brummer gefahren, danach hatte er genug davon. «Du verdienst wenig und arbeitest hart. Wenn du zudem für Private arbeitest, respektieren sie oft deine Rechte nicht. Wir erhielten für unsere Fahrten eine fixe Summe und wenn wir länger brauchten als vorgesehen, wenn wir unterwegs schlafen und essen mussten, war das unser Problem. Manchmal, wenn wir Pannen hatten, gab ich mehr aus, als ich verdiente. Zum Glück wurde uns nie Ware gestohlen, und ich hatte auch nie einen Unfall als Lastwagenfahrer.»

Ein paar Jahre arbeitete Mussa als Fahrer bei einer holländischen Nichtregierungsorganisation in Dodoma. Als die schweizerische Organisation «Intercooperation» im Jahr 2005 in Dodoma ein Büro für Entwicklungszusammenarbeit eröffnete, meldete er sich dort und bekam eine Stelle als Fahrer. Das Büro von Intercooperation gründete wenig später die tansanische Firma Rural Livelihood Development Company (RLDC). Seither ist Mussa Motto RLDC-Chauffeur und fährt die Mitarbeiter in ganz Zentraltansania herum, von Morogoro bis nach Mwanza und bis in die entlegensten Dörfer, wo RLDC mit Bauerngruppen und Kleinunternehmern Projekte durchführt. Sein Lohn ist höher, sein Status besser als jener eines Lastwagenfahrers, und endlich kann er etwas Geld auf die Seite legen. Sein Erspartes vertraut Mussa nicht der Bank an, er investiert lieber in Kühe, die scheinen ihm die sicherere Sparkasse zu sein. Obwohl er nun schon den grösseren Teil seines Lebens in der Stadt wohnt, ist er stark mit Mahoma Makulu, dem Dorf seiner Kindheit, verbunden. Wer ihn dort mit seinen Kühen sieht, versteht, dass sie ihm mehr bedeuten als ein Sparkonto.

In seiner Freizeit schaut Mussa viel Fernsehen, Sport, vor allem Fussball, interessiert ihn. «Früher spielte ich selbst gerne, ich war in der Fussballequipe der CDA. Aber dann habe ich mich verletzt, und als Familienvater wollte ich nicht noch schlimmere Verletzungen riskieren, so habe ich aufgehört, zu spielen. Jetzt verfolge ich Fussball nur noch am Fernsehen.» Ob ihn auch Politik interessiere? «Nein, das interessiert mich nicht, die Politiker sollen ihre Arbeit machen, so wie sie es für richtig halten.»

In seine Kinder setzt Mussa Motto grosse Hoffnungen, sie sollen es einmal weiter bringen als er. Schulbildung ist das Wichtigste, was er seinen Kindern ermöglichen möchte. «Ich hoffe, dass mindestens zwei von ihnen höhere Schulen besuchen werden. Mathias ist sehr gut in der Schule, er wird es sicher in die Mittelschule schaffen. Wenn ich die Möglichkeit gehabt hätte, weiter zur Schule zu gehen, wäre ich jetzt in einer besseren Situation.» Seinen Kindern versucht er beizubringen, dass sie auf die Ratschläge der Erwachsenen hören. «Sie sollen nicht überheblich werden und den Wert der Dinge respektieren, sie sollen Sorge tragen zu dem, was sie haben, sei es Schulmaterial, Kleider oder Spielzeug.» Mussa Motto ist stolz auf seine Kinder und freut sich, dass sie auch in seinem Dorf, in Mahoma Makulu, gut aufgenommen werden.

Auch für sich selbst hat Mussa noch Ziele. «Ich bin noch nicht zufrieden mit dem, was ich erreicht habe. Zwar kann ich mich an meinem jetzigen Arbeitsplatz weiterbilden, ich absolvierte einen Fahrkurs für Fortgeschrittene und besuche Englischunterricht. Aber meine Stelle bei RLDC ist nicht unbeschränkt, so muss ich auch an die Zukunft denken. Wenn ich es mit meiner Arbeit schaffe oder mir vielleicht jemand hilft, möchte ich ein Auto kaufen und ein schöneres Haus bauen, dies vor allem für die Zukunft meiner Kinder. Wenn ihr in die Schweiz zurückkehrt, hoffe ich, dass ihr mich nicht vergessen werdet.»

Der Wert von Wasser

In einer Region, in der sieben Monate pro Jahr kein Regen fällt, ist der Stellenwert von Wasser ein anderer als in der regenreichen Schweiz. In unserem Haus haben wir das Privileg einer Wasserleitung, die meistens Wasser führt, und eines Reservoirs, das uns zur Not drei, vier Tage Wasser liefert. Doch ich merke nach wenigen Wochen Afrika, dass ich sparsamer umgehe mit dem Wasser. Es muss täglich ein- bis zweimal vom Reservoir in den höher gelegten Tank gepumpt werden, und so realisiere ich rasch, wie gross unser Wasserverbrauch ist.

Immer wieder sehe ich viele junge Frauen, die mit Zehnliter-Eimern Wasser auf dem Kopf an unserem Gartentor vorbeigehen. Die meisten von ihnen sind Hausangestellte in den Wohnblöcken in unserem Quartier, und oft fliesst in diesen heruntergekommenen Häusern kein Wasser aus der Leitung, entweder weil der Druck der Leitung abgefallen ist oder weil die Wasserbehörde wegen unbezahlten Rechnungen das Wasser abstellt. Die Bewohner müssen dann das Wasser eimerweise bei jenen wenigen Nachbarn kaufen, die ein Reservoir haben, und je nach Nachfrage steigt oft der Preis.

Zum Trinken und Salat- und Obstwaschen ist das Leitungswasser zu wenig sauber für die empfindlichen Därme von uns Weissen. So koche und filtriere ich das Wasser und bekomme eine ganz neue Beziehung zu dieser kostbaren Flüssigkeit. Eines Tages realisiere ich, dass das Reservoir viel zu schnell leer ist. Mit Hilfe der Wächter messen und beobachten wir den Verbrauch, und wie es schliesslich wieder fast leer ist, steigt James hinein und stellt einen breiten Spalt schräg durch die eine Wand fest, aus dem schon feine Wurzeln ins Wasser wachsen. Bis das Reservoir geflickt ist, leben wir eine Woche lang vom restlichen Wasser, das wir in sämtliche Wassertonnen, Eimer und Becken im Haus abgefüllt haben. Ich schöpfe Wasser, giesse es vom Eimer in Becken und in Krüge, hin und her, und finde dieses Giessen von Wasser unerwartet schön, viel schöner als das einfache Öffnen eines Wasserhahns – und bin doch froh, als der Komfort wieder hergestellt ist.

Nach sieben Monaten Trockenzeit ist das Land in der Region Dodoma im November dürr und staubig. Alle sehnen sich nach Regen, auch wir, und es wird spekuliert, ob die rabenschwarzen Wolken, die sich über der Stadt türmen, Regen bringen. Oft dauert es noch Wochen, bis sie nicht mehr vom Wind weggeblasen werden und endlich das ersehnte Nass über die Landschaft giessen. Für die Tansanier ist das Wetter eigentlich nur in der Regenzeit ein Thema, denn dann ist Regen für die Saat und das Wachsen von Mais, Gemüse und Obst überlebenswichtig. Es ist immer ein schwieriges Abwägen, wann der richtige Zeitpunkt zum Säen und Anpflanzen ist, denn wenn in der kleinen Regenzeit die ersten Regen zu spärlich sind, drohen die jungen Pflänzchen zu verdorren, und es muss vor der grossen Regenzeit noch einmal gesät werden. Zu viel oder zu wenig Regen, das ist die grosse Sorge der Menschen während der Regenzeit. Auch wer nicht selbst anpflanzt, ist vom Wetter betroffen, denn die tropischen Regenfälle schwemmen immer wieder ganze Strassen und Felder weg. Wenn die Strassen unpassierbar sind, kann reife Ware nicht auf den Markt gebracht werden, und dies wirkt sich sofort auf die Preise aus, Gemüse und Obst werden knapp – und teurer.

Joyce Kokushubira Tryphone Rwechungura

Geboren 1971 in Dar es Salaam

«Es ging nur darum, stark und unabhängig zu sein»

Mein erstes Treffen mit Joyce Tryphone Rwechungura kam wegen Missverständnissen nur harzig zustande: Ich wollte sie fragen, ob sie mir Privatstunden in Kiswahili erteilen könne, und wartete schon seit einer halben Stunde im Hotel Dodoma auf sie. Da rief sie mich an und fragte, wann wir abgemacht hätten. «Vor einer halben Stunde», antwortete ich. «Oh, sorry, sorry Madame, I'm coming!» Da sie ziemlich weit weg wohnte und zu Fuss kommen wollte, schlug ich ein Gartenrestaurant in ihrer Nähe vor, wohin ich mit dem Fahrrad kommen könne. Ich verstand, sie wolle lieber ins Hotel Dodoma kommen, und wartete eine weitere halbe Stunde, bevor ich telefonierte, um zu fragen, wo sie stecke. «Im Gartenrestaurant Savannah.» Ich fuhr, so schnell ich konnte, dorthin. Joyce, klein, rundlich und elegant gekleidet, begrüsste mich strahlend und entschuldigend. Sie war ein bisschen durcheinander, sie hatte noch nie eine Weisse unterrichtet. Ihr Englischakzent war für mich schwer verständlich, umso mehr, als sie wie die meisten Einheimischen die Buchstaben «l» und «r» in der Regel verwechselte. Wir einigten uns trotzdem, es mit dem Unterricht einmal pro Woche zu versuchen.

Joyce arbeitete bei der Feuerwehr im Büro, und eine Bekannte hatte sie mir empfohlen. Unsere gemeinsamen Stunden waren mässig fruchtbar, was meine sprachlichen Fortschritte anbelangte, aber oft sehr lustig, denn Joyce erklärte mit theatralischem Talent, wenn ihr der richtige englische Ausdruck fehlte; da sprang sie auch ab und zu vom Stuhl hoch und spielte mir eine kleine Szene vor. Zudem lernte ich mit ihr vieles über tansanische Bräuche und Gewohnheiten, manchmal nicht nur theoretisch, sondern in der Praxis: Sie kam meist mit tansanischer Verspätung, und manchmal erschien sie gar nicht, und ihr Mobiltelefon hatte gerade keinen Kredit, sodass ich erst beim nächsten Treffen erfuhr, weshalb sie verhindert gewesen war. Meist waren es Familienangelegenheiten, die in Tansania immer Priorität geniessen, oder ewiges Anstehen an der Bank, um den Lohn zu beziehen, oder einer der unzähligen Besuche beim Anwalt wegen ihres Falles vor Arbeitsgericht, der sich über Jahre hinzog, bis sie endlich Entschädigungszahlungen erhielt. Rief sie an, liess sie das Telefon nur einmal klingeln, so dass ich auf den «missed call» zurückrufen musste, auch dies eine weit herum praktizierte Gewohnheit in einem Land, in dem die Mehrzahl der Menschen jeden Schilling zweimal umdrehen müssen.

Irgendwann im Frühjahr 2009 tauchte Joyce gar nicht mehr auf, und ich konnte sie telefonisch nicht erreichen. Ich ging zu ihrem Haus und erhielt den Bescheid, sie sei in Dar es Salaam. Wann sie zurückkomme? Die Antwort des Kindermädchens war vage, und ich ging noch zweimal vergeblich hin, bis ich erfuhr, Joyce habe nun eine andere Telefonnummer und arbeite in Dar es Salaam. Ich erreichte sie, und als wir uns das nächste Mal trafen, schlug ich ihr vor, sie solle mir für die vorausbezahlten Stunden, anstatt Sprachunterricht zu erteilen, ihre Lebensgeschichte erzählen. Sie willigte begeistert ein.

«Ich bin 1971 in Dar es Salaam geboren. Mein Vater Tryphone Rwechungura stammte aus Kitwe, einem Dorf in der Nähe von Bukoba, in der Gegend des Victoriasees. Er war nach dem Abschluss des zehnten Schuljahres nach Dar es Salaam gegangen und arbeitete als Geologe im Ministerium für Mineralien und Land. Damals wurden die Leute an ihrer Arbeitsstelle ausgebildet. Sie schickten ihn für neun Monate zur Ausbildung ans Geologische College in Dodoma, danach kehrte er ins Ministerium zurück. Er war erst einundzwanzig, als ich geboren wurde. Meine Mutter war noch nicht siebzehn. Sie hatte ihren Vater verloren, als sie noch ein Kleinkind war, und bevor sie die siebte Klasse abgeschlossen hatte, starb auch ihre Mutter. Sie lebte mit einem Onkel und arbeitete in der Tansanischen Fischnetzfabrik, als sie meinen Vater kennen-lernte.»

Die beiden waren nicht verheiratet, als Joyce mit sieben Mona-ten als Frühgeburt zur Welt kam. Aus Furcht vor der Reaktion der Verwandten hatte Zindura, die Mutter von Joyce, die Schwanger-schaft verheimlicht und war entschlossen, abzutreiben. «Sie nahm eine Menge Medikamente zu sich und ging dann mit ihrer Schwes-ter und ihrem Onkel ins Spital. Sie bat den Arzt, ihren Angehöri-gen nichts zu verraten über ihren Zustand. Der Arzt schickte die beiden weg und hiess sie, am nächsten Tag wieder zu kommen. Die Patientin müsse im Spital bleiben, entschied er. Am folgenden Tag, als die Verwandten zurückkamen und meine Mutter mit einem winzigen Baby im Arm vorfanden, das in der Nacht auf die Welt kam, gab es eine Riesenkonfusion. Zum Glück kam auch mein Vater und sagte, das sei kein Problem, er werde Zindura heiraten und dies sei seine Tochter und sie solle Joyce heissen. Ich bekam auch noch einen Namen aus seinem Stamm, den Kihaya, den Namen Kokushubira. In meinem Taufschein sind die beiden Namen eingetragen und als Nachnamen der Vor- und der Famili-enname meines Vaters, also Joyce Kokushubira Tryphone Rwe-chungura. Weil ich eine Frühgeburt war, blieben meine Mutter und ich ganze drei Monate im Spital. Aber ich entwickelte mich so gut, dass meine Mutter vom Spital einen Preis bekam, denn sehr viele zu früh geborene Kinder sterben.»

Das mit der Heirat erwies sich als nicht so einfach, denn Zin-dura war muslimischen Glaubens und Tryphone katholisch, und die Verwandten auf beiden Seiten drängten auf einen Beitritt zu ihrer jeweiligen Religion, was jedoch beide verweigerten. So lebten sie unverheiratet zusammen und hatten im Laufe von zwanzig Jah-ren noch weitere fünf gemeinsame Kinder.

«Zwei Jahre nach mir kam Anna zur Welt, aber sie starb bereits mit drei Jahren. Dann folgten 1977 Ester, 1981 Teofrida und 1988 kam endlich der erste Sohn, Rafael, zur Welt. Meine Grossmutter hatte jahrelang Druck auf meinen Vater ausgeübt, er solle eine

Frau heiraten, die ihm Söhne gebäre, aber er hatte sich geweigert, meine Mutter zu verlassen. Nach Rafael kam 1991 Tyson als Letzter. Da der Altersunterschied zwischen ihm und mir so gross ist, zwanzig Jahre, war er als Kleinkind immer verwirrt, wer nun seine Mutter sei, ich oder unsere gemeinsame Mutter.»

Als Joyce neunjährig war, zog die Familie nach Tanga um, wo der Vater eine Stelle bei der «Tanga Cement» angetreten hatte und ein Haus auf dem Fabrikareal für die Familie zur Verfügung stand. Nun hatten sie mehr Platz. In Dar es Salaam hatten sie in nur zwei Räumen gelebt in einem Haus, das sie mit zwei anderen Familien teilten. Gekocht wurde auf dem Korridor, der die Zimmer auf der Frontseite von jenen auf der hinteren Seite trennte. Die Toilette befand sich im Hof.

Drei Jahre ging Joyce in Tanga zur Schule, danach schickte sie der Vater für zwei Jahre in sein Dorf zur Grossmutter. Als Erstgeborene sollte sie Sprache und Tradition seines Stammes, der Wahaya, kennenlernen. «Meine Grossmutter hatte meinem Vater immer vorgeworfen, dass wir Kinder uns anders verhielten als die Kinder von ihrem Stamm und dass wir ihre Sprache nicht sprechen würden. Wir waren nur ein paarmal auf Besuch in Kitwe gewesen.»

Es mag für die zwölfjährige Joyce hart gewesen sein, sich von den Eltern und den beiden Schwestern zu trennen und sich in das für sie so fremde Dorfleben zu integrieren. Doch rückblickend meint sie: «Damals fand ich es weder gut noch schlecht, zur Grossmutter zu gehen. Nach einem halben Jahr besuchte mich Mama, und in den Ferien kamen auch die Geschwister. Zudem deckte mich meine Mutter mit allem Nötigen ein, ich hatte gute Kleider und Schuhe, während die Leute im Dorf sehr, sehr arm waren. Ich war das einzige Mädchen, das die Primarschule abschloss, wir waren sieben Mädchen und sieben Knaben im Dorf, aber ausser mir blieb keines bis zum Ende der sechs Primarschuljahre in der Schule. Meine Grossmutter fand Schulbildung für ein Mädchen auch nicht wichtig, aber sie fürchtete sich vor meiner Mutter, die unbedingt wollte, dass ich die Schule abschloss. Ich schrieb meiner Mutter regelmässig, damit war sie auf dem Laufenden. Sie schickte mir Geld und alles, was ich sonst brauchte, so war das Leben einfach für mich. Zudem war die Schule nur wenige Schritte vom Haus der Grossmutter entfernt. Heute sehe ich es als grossen Vorteil, dass mir die Lebensweise und die Sprache der Leute aus dem Dorf meines Vaters vertraut sind. Alle Dorfbewohner kennen mich. Das Haus meines Vaters bezeichnen sie als ‹das Haus von Joyces Vater›. Heute, wenn jemand aus Kitwe nach Dar es Salaam oder Dodoma kommt, treffen wir uns, und sie fragen mich, ob ich immer noch Kihaya spreche und ob ich mich an die Leute dort erinnere. Mir gefällt das, ich bin froh, habe ich eine Weile in Kitwe gelebt.»

Im Dorf gab es nur eine Primarschule, und Joyce kehrte 1985 nach Tanga zurück und besuchte dort die Mittelschule. Bereits zwei Jahre später musste die Familie jedoch wieder umziehen, da der Vater eine neue Stelle bei der «Capital Development Authority» in Dodoma antrat, der Behörde, die Dodoma zu einer wirklichen Hauptstadt entwickeln sollte. Der politische Entscheid, dass Dodoma Tansanias Hauptstadt sein sollte, war bereits 1973 gefällt, aber nie vollzogen worden. Zwar tagt das Parlament in Dodoma, aber Ministerien und Botschaften sind weiterhin in Dar es Salaam. Joyce besuchte in Dodoma weitere zwei Jahre Mittelschule. In dieser Stadt wurden ihre beiden Brüder geboren. «Bei den Wahaya gelten Knaben als Kühe, die sehr hoch geschätzt werden, Mädchen jedoch nur als Ziegen, und entsprechend wurden dort damals Mädchen und Knaben behandelt. Es war deshalb eine grosse Erleichterung für meine Eltern, als siebzehn Jahre nach mir endlich ein Junge auf die Welt kam.»

Joyce war immer gerne zur Schule gegangen, im Gegensatz zu ihren Schwestern. Weniger gerne machte sie Garten- und Feldarbeit. So war es naheliegend, dass sie auch die beiden obersten Mittelschulklassen besuchen sollte, die den Zugang zur Universität öffnen. In den 1980er-Jahren gab es noch sehr wenige Schulen in Tansania, die bis «form six» führten. Joyce kam deshalb für die letzten zwei Schuljahre ins Mädcheninternat in Mwakaleli in der Nähe von Tukuyu, im Süden des Landes. Sie fühlte sich dort wohl. Nach Abschluss der Schule musste sie in den Militärdienst, den «National Service», einrücken.

«Ob es einem gefiel oder nicht, wenn man eine Mittelschule abgeschlossen hatte, musste man gehen, jedenfalls bis 1993, danach war der National Service freiwillig. Ich kam mit rund tausend weiteren jungen Leuten nach Makutupora, das nicht sehr weit von Dodoma entfernt an der Strasse Richtung Arusha liegt. Dieses Militärcamp ist bekannt für seine Reben mit erstklassigen Trauben. Wir arbeiteten auf dem Feld, wir bauten Mais, Spinat und anderes Gemüse an, arbeiteten in den Reben, kümmerten uns um die Kühe, suchten Feuerholz, kochten und hatten einen Haufen andere Pflichten, aber es gefiel mir, weil ich in guter Gesellschaft war. Es gab keinen Unterricht, es ging nur darum, stark und unabhängig zu werden. Mwalimu Nyerere legte grossen Wert auf das Verhalten und die Einstellung der Leute und auf die Fähigkeit, gemeinsam ein Ziel zu erreichen. Wir waren eine sehr zusammengewürfelte Gesellschaft, es gab unter uns welche, die gewohnt waren, per Auto in die Schule gefahren zu werden, andere hatten weite Schulwege zu Fuss zurückgelegt, und nun waren wir alle zusammen, alle mit den gleichen Pflichten und Rechten. Mein Bett stand neben jenem der Tochter eines Ministers, sie hatte indische Vorfahren, sprach und bewegte sich wie eine Inderin und wusste nicht, wie man ein ‹kanga› umbindet und wie man im Garten arbeitet. Ich denke, es war gut, dass wir alles miteinander teilen mussten. Um fünf Uhr morgens gab es Parade, dann tranken wir ‹uji›, flüssigen Porridge, aus Blechnäpfen, an denen man sich die Finger verbrannte. Zum ersten Mal im Leben musste ich Shorts anziehen, wir Mädchen sahen einander an und lachten verschämt. Viele assen zum ersten Mal Maisbrei, Bohnen und Fleisch von

Hand, ohne Löffel und Gabel. Das Essen war gut und reichlich, alles war gratis, niemand litt Hunger. Am Morgen gab es Porridge, später Tee, Brot und Butter, am Mittag und am Abend Fleischsuppe mit grossen Stücken Fleisch und viel Gemüse und Obst, Trauben, so viele wir wollten. Manche kamen sehr dünn in den National Service, und nach ein paar Monaten gingen sie auf wie Kuchen. Nach drei Monaten erhielten wir eine voll ausgerüstete Kampfuniform und wurden im Schiessen trainiert.»

Joyce findet es schade, dass der obligatorische National Service aufgehoben wurde. Sie selbst habe dort viel gelernt, Disziplin, Respekt vor anderen und die Lebensweise der Menschen aus anderen Regionen. Am Abend trafen sie sich jeweils zur «Disco makofi» oder «clapping disco», wo mit Klatschen und Singen Musik gemacht wurde. «Alle stellten sich nacheinander mit Liedern und Tanz aus ihrer Region vor, das ging zum Beispiel so: ‹Hört mir zu, dies ist mein Lied, ich bin Joyce, Joyce aus Bukoba, vom Stamm der Wahaya, wir singen so …›, und dazu klatschten alle im Rhythmus und sangen den Refrain. Es war sehr vergnüglich und lehrreich. Am Samstagabend gab es dann richtige Disco mit Musik, und wir durften Zivilkleidung tragen.»

Bis heute profitiert Joyce von diesem Jahr Dienst, nicht nur, weil sie dort harte Arbeit und Disziplin gelernt hat. Bei manchen Arbeitsstellen gilt der absolvierte National Service als Pluspunkt, Joyce half er, die Stelle bei der Feuerwehr zu bekommen. Zudem hat sie viele Freundinnen und Freunde gewonnen, die bis heute mit ihr verbunden sind.

Gleich nach dem Dienstjahr hatte Joyce eine harte Zeit zu bestehen. Ihr Vater war krank und musste die Stelle aufgeben. Zu viel Alkohol hatte seine Nieren angegriffen. Er kehrte in sein Dorf zurück mit der ganzen Familie, nur Joyce blieb in Dodoma. «Ich wohnte bei einem Verwandten meines Vaters. Der Onkel sagte, er werde mich in ein College schicken, aber stattdessen machte ich seinen Haushalt, kochte, wusch, putzte und schaute zu seinem kleinen Kind, denn er hatte sich scheiden lassen. Ich wartete und wartete und war ziemlich unglücklich, ich sah meine Freundinnen und Freunde, die studierten, und sass selbst zu Hause. Meinem Vater ging es immer schlechter, so ging ich zu ihm, aber ich konnte nichts für ihn tun und kehrte auf seinen Rat bald wieder nach Dodoma zurück. Einmal traf ich auf dem Markt einen Freund, der mir sagte, die Gefängnisverwaltung suche Personal, unter anderem suchten sie zwei Mädchen, die die obere Mittelschule, form six, abgeschlossen hatten. Ich ging hin mit meinen Zeugnissen, und sie sagten, mit meinem Schulabschluss und dem National Service würden sie mich sofort einstellen, ich müsse jedoch einen sechs-monatigen Kurs in Mbeya machen. Das gefiel mir nicht, so kurz nach dem National Service hatte ich keine Lust, schon wieder ein militärisches Training zu machen, im Gefängnis arbeiten ist wie im Militär. Der Zuständige versuchte mich zu überzeugen, aber ich lehnte ab. Ich hatte genug vom Militär.»

Bald danach lernte Joyce ihren künftigen Mann, Hezon Mugambe, kennen. Er geht an Krücken, deshalb hatte sie ihm einmal geholfen, Ananas nach Hause zu tragen. Als sie sich am nächsten Tag wieder begegneten, sprach er sie an und fragte, wie es komme, dass er sie jeden Tag hier warten sehe, wenn er von der Arbeit komme. «Ich antwortete, ich wohne hier. Ob ich denn nicht arbeite? Nein, nur im Haus, sagte ich. Er fragte nach meiner Ausbildung und als ich sagte, ich hätte die Mittelschule abgeschlossen, meinte er, er wolle seinen Freund fragen, der in der Keramikfabrik Zuzu arbeite, ob es dort eine Stelle für mich gebe. Tatsächlich konnte ich kurz darauf als Büroangestellte anfangen. Drei Jahre arbeitete ich in diesem Betrieb. Die Fabrik gibt es heute nicht mehr.»

Der freundliche Stellenvermittler, der bei der tansanischen Elektrizitätsgesellschaft Tanesco arbeitete, wurde ihr Freund und später ihr Ehemann. Noch vor der Heirat wurde Joyce schwanger. Sie wagte es nicht, ihren Vater darüber zu informieren. Bevor sie sich traute, wieder unter seine Augen zu treten, musste Hezon mit ihrer Familie sprechen und den Brautpreis bezahlen. «Als mein Vater im Oktober 1995 für Untersuchungen im Spital nach Dodoma kam, wurde alles arrangiert. Der Vater von Hezon kam und bezahlte den Brautpreis, und alles war in Ordnung. Nur eine Woche später starb mein Vater. Da er gewusst hatte, dass er sehr krank war, hatte er uns seinen Segen für die Hochzeit gegeben und gesagt, wir sollten in jedem Fall die Hochzeitsvorbereitungen weiterführen. Wir heirateten im Februar 1996 hier in Dodoma in der katholischen Kathedrale. Meine Mutter und meine Geschwister kamen an die Hochzeitsfeier.»

Nach der Heirat wohnten Joyce und Hezon noch eine Weile zusammen mit ihrer Schwester und seinem Bruder in dem Haus, in das sie eingezogen waren, als Joyce schwanger war. Sie hatten einen gemeinsamen Wohnraum und drei Schlafzimmer, eines für das Paar, eines für die Schwester und eines für den Bruder. Als das zweite Kind unterwegs war, zogen Joyce und Hezon um. Joyce gab ihre Stelle in der Keramikfabrik Ende 1997 auf, denn die Erstgeborene, Hiltrude Mugambi, war erst zweijährig, als Humphrey Nyagabona 1998 zur Welt kam. Joyce entschied, sich selbst um die beiden Kleinen zu kümmern, umso mehr als ihr Mann zu jener Zeit weg war. Sein Arbeitgeber, die «Tanesco», hatte ihn für eine einjährige Weiterbildung in internationaler Technologie an die Universität in Dar es Salaam geschickt.

Als Hezon zurück nach Dodoma kam, begann Joyce wieder zu arbeiten. Sie hatte eine Stelle bei der städtischen Pensionskasse gefunden. Kurz darauf starb der Vater von Hezon. Joyce und Hezon fuhren mit den beiden Kindern zu seinem Begräbnis in die Region Mara, im Norden von Tansania, wo Hezon aufgewachsen war. Hier traf Joyce zum ersten Mal ihre Schwiegermutter. Humphrey, das zweite Kind von Joyce und Hezon, war etwas mehr als ein Jahr alt und hatte eben gelernt zu gehen. «Meine Schwiegermutter sagte mir, in diesem Alter sei ihr Sohn Hezon erst gekrabbelt und sie sei so glücklich gewesen, als er endlich gehen gelernt habe, aber von einem Tag auf den anderen habe er die Kraft in den Beinen verloren. Sie wusste nicht, was geschehen war, einige Leute behaupteten, es sei der böse Geist eines Zauberers. Es war Kinderlähmung, doch die Leute wussten damals nicht Bescheid. Hezon wurde 1964 geboren und Anfang der 1960er-Jahre gab es sehr viele Kinderlähmungserkrankungen, vor allem in der Gegend des Victoriasees, in Mwanza, Shinyanga und Musoma.»

Sechs Jahre arbeitete Joyce in Dodoma bei der städtischen Pensionskasse, und während dieser Zeit kam 2004 ihr drittes Kind Holiness Nyachiro zur Welt. «Ich habe Holiness zweiundzwanzig Monate gestillt, Humphrey achtzehn und Hiltrude fünfzehn. Hier in Tansania haben wir das Recht, während neun Monaten täglich zwei Stunden nach Hause zu gehen, um das Kind zu stillen. Nach den ersten neun Monaten kann man beim Arbeitgeber ein Gesuch stellen für weitere neun Monate. Ich ging jeweils um elf Uhr nach Hause und kehrte um ein Uhr wieder ins Büro zurück, so bewältigte ich mit Hilfe des Kindermädchens alles gut, Arbeit, Familie, Kinder. Manche Mütter stillen ihre Kinder drei Jahre lang, das wäre mir aber zu viel gewesen. So lange ich stillte, wurde ich nicht schwanger, und das war gut so. Kaum hatte ich Hiltrude abgestillt, wurde ich schwanger, aber ich verlor das Baby bereits nach der siebten Schwangerschaftswoche.»

Joyce trat 2006 eine neue Stelle bei der Stadtverwaltung an als «mtaa executive officer», das heisst, als Beamtin eines Stadtbezirks. Ein Jahr später wurde sie in die Feuerwehr versetzt. Sie wurde unter anderem ausgewählt, weil sie den National Service absolviert hatte. Die Aufgabe war allerdings nicht sehr dankbar, es fehlte bei der Feuerwehr chronisch an finanziellen Mitteln. Die Angestellten erhielten den Lohn oft mit tage-, wenn nicht wochenlanger Verspätung, und das vorhandene Material war ungenügend. Als ich einmal von einem Brand in unserer Nachbarschaft hörte, fragte ich Joyce, ob sie ausgerückt seien. «Nein, wir konnten nicht, ein Feuerwehrauto war in der Garage, das andere ist schon lange ausser Betrieb, es stand kein Fahrzeug zur Verfügung. Das Restaurant ist abgebrannt.»

Dies war in der Zeit, als ich Joyce zum ersten Mal zu Hause

besuche. Sie wohnt im gleichen Quartier wie wir, in einem vergleichsweise grossen einstöckigen Einfamilienhaus aus unverputzten Ziegelsteinen. Es ist ein gutes Haus, aber im Vergleich zum europäischen Standard sehr einfach: ein kahler Betonboden, Wände, die längst einen neuen Anstrich bräuchten, und statt an die Decke blickt man direkt an die rohen Dachbalken und das Wellblechdach. Im Wohn-Esszimmer stehen die üblichen Holzsessel mit Schaumstoffpolster und ein Fernseher. Am Querbalken, der das Dach stützt, hängen gerahmte Fotos von Hezon, von Joyce und von ihrer verstorbenen Schwester Teofrida. Gekocht wird meist draussen auf Holzkohle, und die Latrine steht vor dem Haus. Neben dem Haus ist ein Gemüsegarten angelegt. Dort hofft Joyce eines Tages einen Anbau errichten zu können, damit es mehr Platz für die grösser werdenden Kinder gibt.

Joyce kleidet sich elegant, wenn sie ausser Haus geht, gute Kleidung ist in Tansania für die meisten Menschen wichtiger als Wohnkomfort. Sie schätzt sich glücklich, dass sie mit ihrer Familie im eigenen Haus mit Umschwung in einem angenehmen Quartier wohnt, durch das nur Sandpfade führen. Unter den Schatten spendenden Schirmakazien weiden Ziegen und Kühe, und die Kinder können unbeschwert draussen spielen.

Im Frühjahr 2009 ergab sich für Joyce die Möglichkeit, in Dar es Salaam bei der Nationalen Pensionskasse eine interessantere und bedeutend besser bezahlte Stelle zu bekommen. Sie zögerte nicht lange, obwohl es bedeutet, dass sie nur etwa alle zwei Monate für ein paar Tage nach Hause zurückkehren kann. Ihr Mann ist seit mehreren Jahren arbeitslos, und sie brauchten dringend mehr Einkommen, um die Schule der Kinder zu bezahlen. Alle drei Kinder besuchen katholische Privatschulen. Die dreizehnjährige Hiltrude ist bereits im Internat in Manyoni. Aber auch die Eltern selbst bilden sich noch weiter. Joyce macht in Dar es Salaam neben ihrer Anstellung beim Pensionsfonds ein Studium in öffentlicher Verwaltung und hofft, in drei Jahren mit einem Bachelor abzuschliessen. Ihr Mann Hezon, der bereits einen Bachelor hat, studiert in Dodoma für den Master in Unternehmensverwaltung.

«Ich habe Hezon dazu gedrängt», erklärt Joyce. «Es ist nicht gut für ihn, arbeitslos zu sein, er trank immer mehr Alkohol, er hält es schlecht aus, dass ich diejenige bin, die die Familie ernährt, und nicht er als Mann. Ich machte ihm nie einen Vorwurf, dass er keine Stelle findet, es ist nicht sein Fehler, dass er körperlich behindert ist, es ist Gottes Wille. Meine Pflicht ist es, meinen Mann glücklich zu machen. Ich sage ihm, er solle sich weiterbilden und zu Gott beten. Wir sind beide die Erstgeborenen in unserer Familie, und dies ist eine grosse Last, die ganze Familie erwartet, dass wir Vorbild sind und die jüngeren Geschwister unterstützen.»

Joyce tat und tut immer noch viel, um ihren jüngeren Geschwistern und weiteren Familienmitgliedern zu helfen. Ihre Schwester Teofrida lebte als Kind fünf Jahre bei ihr, Joyce ermöglichte ihr den Schulbesuch bis zum zehnten Schuljahr. Danach wollte Teofrida nicht länger zur Schule gehen und zog zu ihrer Mutter nach Dar es Salaam. «Sie wollte auch nicht arbeiten, und meine Mutter war zu beschäftigt als Marktfrau auf dem Kariakoo-Markt, sie konnte sie nicht überwachen. So geschah es, dass sie an Aids erkrankte. Als sie schon sehr krank war und ich auf Besuch war und ihr Porridge löffelte, sagte sie, es tue ihr sehr leid, sie wisse, dass ich viel Geld und Zeit für sie investiert habe. Sie hätte gerne für meine Tochter Hiltrude gesorgt, so wie ich für sie, aber nun werde sie sterben. Sie war schon völlig abgemagert.» Joyce kommen die Tränen bei diesen Erinnerungen. Teofrida starb mit vierundzwanzig Jahren.

Die Mutter von Joyce war 1996, kurz nach dem Tod des Ehemannes, nach Dar es Salaam zurückgekehrt, wo ihre Verwandten leben. Zindura fühlte sich verloren im Dorf ohne ihren Mann. Sie zog mit ihrer Schwester zusammen und erhielt dank einem Verwandten einen Gemüsestand in Kariakoo, dem grossen Markt von Dar es Salaam. Zwar hätte sie in Kitwe, dem Heimatdorf ihres verstorbenen Mannes, bleiben können, denn sie hat zwei Söhne, und das bedeutet, dass sie das Haus und das Feld ihres Mannes nutzen könnte. Nur Söhne können in der Tradition der Wahaya Land erben; hätte Zindura nur Töchter gehabt, wäre das Land an den Stamm zurückgegangen. «Zurzeit wohnt ein älteres Paar im Haus in Kitwe, das meine Brüder erbten, und mein Onkel nutzt das Feld. Nach unserer Tradition kann das Land nur mit Erlaubnis des Clans verkauft werden, das ist nicht einfach. Ich will Rafael und Tyson überzeugen, dort ein besseres Haus zu bauen für unsere Familie, mein Onkel wünscht dies auch. Meine Brüder müssen die dortige Tradition kennenlernen, sie sollen wissen, woher wir stammen, wo wir unsere Wurzeln haben. Sie sind nach dem Tod meines Vaters nie dorthin zurückgekehrt.»

Die Mutter hatte die noch kleinen Buben nach Dar es Salaam mitgenommen, Rafel war sieben und Tyson vier, als der Vater starb. Joyce hingegen kümmerte sich in Dodoma um die Schwestern Ester und Teofrida, die damals vierzehn und acht Jahre alt waren. Die Mutter schickte die Buben in Dar es Salaam in die Koranschule, und sie nahmen den muslimischen Glauben an, was Joyce bis heute ihrer Mutter nicht verziehen hat. «Ich kann es nicht verstehen, weshalb hat sie nicht mit mir darüber gesprochen? Ich war ja schon fünfundzwanzig und erwachsen. Oder sie hätte mit meinem Vater vor dessen Tod darüber sprechen sollen. Sie hat die Familie geteilt, nun sind wir halb Christen und halb Muslime, das ist nicht gut. Ich sagte ihr, wenn schon, wäre es besser gewesen, wir Töchter wären muslimisch erzogen worden, denn die Söhne müssen das Erbe des Vaters antreten, sie müssen sich nach seinem Glauben und seiner Tradition richten. In Kitwe gibt es keine Muslime. Meine Mutter entgegnete mir, sie sei Muslimin, wer solle sie denn eines Tages begraben, wenn alle ihre Kinder Christen seien? Doch sie wusste von Anfang an, dass mein Vater Christ war. In unserer Familie lebten wir den christlichen Glauben, wir feierten die christlichen Feste. Meine Mutter ging damals nicht in die Moschee, sie ass einzig kein Schweinefleisch, während wir manchmal welches assen.»

Diese Glaubensfrage hat Joyce und ihre Mutter etwa zwei Jahre lang entzweit. Jetzt ist sie wieder in gutem Kontakt mit ihr und denkt daran, in etwa einem Jahr eine eigene Wohnung zu finden, wo sie mit ihrer Mutter zusammenleben kann. Im Moment hat sie nur ein Zimmer gemietet. Doch das Thema Religion ist immer noch ein heisses Thema zwischen den beiden, das Joyce zu vermeiden sucht. «Es ist kein Problem für mich, dass meine Mutter Muslimin ist, aber dass meine Brüder den Glauben wechseln mussten, kann ich immer noch nicht akzeptieren. Beide waren ein Jahr vor dem Tod meines Vaters christlich getauft worden. Mein Vater hatte mich für diese Feier nach Kitwe gerufen, da meine Mutter Muslimin ist, sollte ich als die älteste Schwester dabei sein. Nach der Taufe wurden sie beschnitten, wie es bei uns Brauch ist, es ist nicht mehr ein religiöser Brauch, sondern der Grund ist die Hygiene. Ich ging mit meinem Vater, um all dies zu organisieren, ich blieb damals zwei Monate in Kitwe. Meine Mutter wurde von ihrer Schwiegermutter, meiner Grossmutter, nie voll akzeptiert. Weil sie muslimisch war und meine Eltern nicht verheiratet waren, konnte nicht nur mein Vater nicht mehr zum Abendmahl gehen, sondern auch meine Grossmutter nicht. Dies war natürlich hart, sie war so engagiert in der Kirche. Die Kirchenbehörden sind dort sehr streng, wenn sie dich nicht beim Abendmahl haben wollen, holen sie dich in der Kirche aus der Reihe heraus.»

Obwohl Joyce seit dem Tod des Vaters nie mehr in Kitwe war, ist sie sehr verbunden mit dem Ort und der Verwandtschaft ihres Vaters. Die Reise von Dodoma nach Kitwe ist lang, fast tausend Kilometer, und sehr beschwerlich. Doch die Verwandten kommen nach Dodoma. Zwei Cousins – sie nennt sie Brüder, denn die Kinder des Onkels väterlicherseits sind in der hiesigen Tradition wie Brüder – lebten zwei Jahre in ihrem Haus und haben sich darauf in der Stadt niedergelassen. Sie betreiben beide einen kleinen Handel, für den ihnen Joyce das Startkapital gab. «Jetzt ist eine Cousine in meinem Haus, ich schickte sie ins Berufsbildungszentrum für eine zweijährige Ausbildung in Hauswirtschaft. Wenn jemand von hier nach Bukoba fährt, sage ich, sie sollen jemanden aus meiner Verwandtschaft mitbringen auf dem Rückweg, ich werde ihnen helfen, so gut ich kann. Die Verwandten wissen, dass ich mit ihnen eng verbunden bin. Ich bin in dieser Hinsicht wie mein Vater, er war sehr beliebt bei seinen Verwandten und seinen Freunden im Dorf. Als wir in Tanga waren, lebten zwei seiner jüngeren Brüder zwei Jahre lang mit uns zusammen. Wenn Vater in seinem Dorf war, mussten mindestens zehn Thermosflaschen Tee bereitstehen für Gäste, denn von morgens bis abends kam Besuch vorbei. Nach seinem Tod ging der Zusammenhalt in der Familie etwas verloren.»

Ihren Kindern möchte Joyce etwas von der Grosszügigkeit und Freundlichkeit vermitteln, die sie bei ihrem Vater kennengelernt hat. Sie sollen wissen, was gut und was schlecht ist, sollen die Tradition ihres Stammes kennen, und sie sollen eine religiöse Erziehung erhalten. «Wer gebildet ist, sich gut benimmt und sich an die sittlichen Werte hält, ist überall willkommen», ist sie überzeugt.

Auf den Schultern von Joyce lastet viel, vor allem seit ihr Mann arbeitslos ist. Sie holt sich die Kraft im Glauben, wie so viele Menschen in Tansania. «Ich gehe meist zweimal wöchentlich in die Mittagsmesse, nicht allzu weit von meinem Arbeitsplatz in Dar es Salaam gibt es eine katholische Kirche. Auch am Sonntag gehe ich natürlich in die Messe. Ich denke, die Religion ist der beste Weg, all die Schwierigkeiten zu bewältigen.» Manchmal, wenn ihr die Probleme über den Kopf wachsen und sie einmal mehr in Geldnot ist, fragt sie verzweifelt: «What shall I do, how can I manage?» Aber schon im nächsten Satz übergibt sie ihre Sorgen vertrauensvoll dem lieben Gott: «God will help me!»

Die Zeit läuft anders in Afrika

«Der Bus nach Dar es Salaam fährt um halb vier.» «Wie bitte», frage ich ungläubig den Mann am Fahrkartenschalter, «um halb vier Uhr am Morgen?» «Ndiyo», ja, meint er. Ich bin erst seit Kurzem in Tansania und frage, ob jemand Englisch versteht. Ein freundlicher Reisender erklärt mir, dass halb vier Uhr Kiswahili-Zeit auf der Uhr halb zehn ist. Die Tansanier, die eine Uhr besitzen, und das sind wenige, haben auf ihr die gleiche Zahleneinteilung wie wir, aber in ihrer Sprache beginnen sie mit Stundenzählen bei Anbruch des Tages, das heisst um sechs Uhr morgens, und dann wieder beim Dunkelwerden, um sechs Uhr abends. So ist es für sie ein Uhr, wenn der Zeiger auf der Uhr sieben Uhr zeigt und halb vier entspricht halb zehn.

Aber auch auf viel tiefgreifendere Weise läuft die Zeit in Tansania anders als in Europa. Die Zeit dehnt sich, schon das Wort «saa» ist gedehnter als «die Zeit». «Saa» gibt es genug, heute, morgen, übermorgen, es scheint ein Paradox, aber vielleicht gerade weil die Lebenserwartung der Menschen niedrig ist, spielt die Zeit nicht eine alles beherrschende Rolle wie in den Industrieländern. Zwar werden auch hier Abmachungen mit Zeitangabe gemacht und Termine festgelegt, aber sie einzuhalten hat nicht die Dringlichkeit, die dies in der Schweiz hat. Es gibt unzählige Gründe für fehlende Pünktlichkeit oder Nichterscheinen: Warten an einem Schalter, zufällig jemandem begegnen, ein krankes Kind, ein Arztbesuch, ein Problem, und das Wort Problem, «shida», kann ohne Erläuterung fast alles entschuldigen.

Als Schweizerin von Kind auf zu Pünktlichkeit und Zuverlässigkeit erzogen, fällt es mir oft schwer, nicht ungeduldig und ärgerlich zu werden. Ich versuche, die Zeit nicht mit nervösem Warten zu verbringen, wenn jemand versprochen hat, dann und dann vorbeizukommen, sondern, wie sie selbst es tun, einfach das zu machen, was ich auch sonst machen würde, und erst dann zu unterbrechen, wenn der Gast, der Handwerker, der Hausverwalter oder wer auch immer wirklich kommt. Nach und nach werde auch ich ein wenig lockerer im Umgang mit der Zeit. Ich lasse die Uhr immer öfter auf dem Nachttisch liegen und bin nicht mehr immer auf die Minute pünktlich bei einem Rendez-vous, ich beschleunige den Schritt nicht mehr, wenn ich denke, ich komme zu spät, das wäre ungesund bei dem heissen Klima.

Ich fange an, dem lockeren Umgang mit der Zeit auch positive Seiten abzugewinnen. Der grösste Gewinn ist die fehlende Hektik. Die Hitze verlangsamt alles auf ein menschlicheres Mass. Und wo in nördlichen Ländern oft die Sache im Vordergrund steht, ist es hier immer noch der Mensch. Ein Gespräch ist wichtiger als der nächste Termin. Und auch im Berufsleben kommt die Familie vor der Berufsarbeit. Zeit haben für Familienangelegenheiten ist in Afrika überlebenswichtig.

Cheng Lan, genannt Alan

Geboren 1967 in Chengdu (Sichuan), China

«Ich begann bei Null»

In Dodoma ist das Angebot an besseren Restaurants klein. Eines, das von den Weissen, den Indern und zunehmend auch von gut situierten Tansaniern geschätzt wird, ist das chinesische Restaurant im New Dodoma Hotel, dem ehemaligen Railway Hotel aus Kolonialzeiten. Das Lokal ist zum Garten hin offen, und die roten chinesischen Lampions, die sich im Wind bewegen, und die weissen Tischtücher mit blauem Muster kontrastieren mit den schweren schwarzen Kunstledersesseln. Die Küche ist in einem kleinen Holzhäuschen im Garten untergebracht, einem Hexenhäuschen, mit chinesischen Schriftzeichen auf den Fenstern. Geschäftsführerin ist die zweiundvierzigjährige Cheng Lan, auf Englisch nennt sie sich Alan. Sie trägt meist eine sportliche Hose und ein T-Shirt und fasst ihr langes Haar mit einem Kamm am Hinterkopf zusammen. Tag für Tag steht sie hinter der Theke und schreibt Rechnungen, schlüpft durch die niedrige Öffnung unter der Theke durch, um Gäste zu begrüssen und Bestellungen aufzunehmen, immer fröhlich, freundlich und bestimmt.

Alan hat das Restaurant an Weihnachten 2005 eröffnet.

«Mein Schwager, der den Hotelbesitzer kannte, telefonierte mir im Dezember und sagte mir, dieser wolle einen Teil des Hotels als Restaurant vermieten. Ich reiste von Mwanza hierher, das ist eine Tagesreise, und sah mir das Lokal an. Ich sass zwei Stunden im Garten und sah keinen einzigen Gast, da sagte ich mir, es sei wohl zu ruhig hier, um ein Restaurant mit Erfolg zu führen. Andererseits hatte ich es satt, als Angestellte zu arbeiten, ich wollte mein eigenes Geschäft. So entschied ich, mein Glück zu versuchen. Ich begann bei Null, es gab noch keine Küche, aber der Besitzer baute das Küchenhäuschen, und ich konnte es selbst einrichten. Sie gaben mir Tische und Stühle fürs Restaurant, den Rest kaufte ich selbst.»

In der schwierigen Anfangsphase lebte auch Alans Mann in Dodoma, er war als Ingenieur anderthalb Jahre lang beim Bau der grossen Zahnklinik auf dem Hügel ausserhalb der Stadt beschäftigt. Für das Restaurant hatte Alan einen chinesischen Koch, einen versierten tansanischen Kellner, den sie von früher kannte, und ihren jungen Cousin engagiert. «Der Koch war nicht gut, er war faul, nach drei Monaten schickte ich ihn weg und holte einen anderen aus China. Dieser ist tüchtig. Das Restaurant lief von Anfang an gar nicht so schlecht. Es gibt wenig Touristen in Dodoma, aber einige Missionare und Freiwillige. Diese kamen und probierten das Essen, es schmeckte ihnen, und so kamen sie wieder. Der Profit war klein in der ersten Zeit, aber nach und nach erhöhten sich die Einnahmen. Der gute Kellner wollte nach zwei Jahren Lastwagenchauffeur werden und ging weg. Danach stellte ich nur noch junge Frauen an, auch in der Küche, es war für mich als Frau einfacher mit ihnen, die Männer wollen manchmal nicht auf mich hören.»

Doch auch mit den jungen Frauen musste Alan einen Umgang finden, wollte sie die Qualität im Restaurant beibehalten und nicht bestohlen werden. Mühe machte ihr der sorglose Umgang der einheimischen Angestellten mit der Zeit, es ist hier gang und gäbe, zu spät oder gar nicht zur Arbeit zu kommen, ohne sich abzumelden. «Am Anfang blieb manchmal die Hälfte der Angestellten am Tag nach der Lohnzahlung zu Hause. Ich redete mit ihnen, stellte klare Regeln auf und gab ihnen diese schriftlich in die Hand. Ich sagte, wenn sie hier arbeiten wollten, müssten sie die Regeln befolgen. Wenn sie zu spät zur Arbeit kommen, ziehe ich etwas vom Lohn ab. Ich schreibe alles auf, und sie wissen Bescheid, es gibt keine Diskussionen. Sie müssen auch jeden Monat Inventar machen, bevor sie den Lohn erhalten. Wenn etwas fehlt, Gabeln, Messer, Gläser, ziehe ich es vom Lohn ab. Meldet sich die Schuldige nicht, teile ich den Schaden unter allen auf. Am Anfang zog ich nur die Hälfte des Einkaufspreises ab, aber da immer noch zu viel verschwand, begann ich, den ganzen Preis zu verrechnen. Ich sagte ihnen, von mir aus könnten sie alles mitnehmen, aber ich ziehe es vom Lohn ab. Jetzt gibt es nur noch selten Verluste. Ich habe wenig Personalwechsel, in der Küche sind zwei Angestellte seit Beginn da. Auch sie machten Fehler, stahlen vielleicht etwas, aber ich entliess sie nicht, ich bestrafte sie nur. Ich wusste, dass auch Neue wieder stehlen würden, und wir müssten sie auch noch anlernen. Es ist schwierig für Tansanierinnen, chinesisches Essen zuzubereiten, die Nahrungsmittel so zu schneiden, wie wir es gewohnt sind. Deshalb will ich nicht immer wieder neue Leute einarbeiten. Wie überall gibt es auch hier gute und schlechte Angestellte, aber im Grossen und Ganzen arbeiten sie nicht schlecht.»

Die jungen Frauen im Service, in roten chinesischen Jäckchen, sind professionell, sie arbeiten zuverlässig, sind freundlich und effizient. Das klare Regime der Chefin scheint sich zu bewähren. Obwohl Alan schon viel Erfahrung im Gastgewerbe hatte, war sie es nicht gewohnt, so strikte Massnahmen treffen zu müssen. «In China stiehlt niemand Löffel und Gabeln», meint sie lachend. Aber jetzt ist sie zufrieden mit ihrer Crew.

Alan ist in Chengdu, der Provinzhauptstadt von Sichuan im Südwesten von China, aufgewachsen. Ihr Vater war Staatsangestellter im Arbeitsamt, die Mutter Arbeiterin in einer Druckerei. Während Alans jüngere Schwester ins Kleider- und Schuhgeschäft einstieg, interessierte sich Alan für die Gastronomie. Nach dem College und einer zweijährigen Hotelfachschule fand sie 1988 eine Stelle im neu eröffneten Tibet Hotel in Chengdu, einem riesigen Bau mit fast dreihundert Zimmern. Das damals neue Hotel gehörte Tibetern, der Manager und viele Gäste waren ebenfalls tibetisch, aber die Speisekarte war chinesisch. Alan wurde als Chef de Service im Restaurant angestellt. «Die Arbeit gefiel mir, ich lernte dort alles, was Essen im Hotel betrifft, vom Tischdecken übers Servieren bis zu den Speisen. Nach fünf Jahren wollte ich mehr über Getränke wissen, ich wollte wissen, wie man Cocktails mischt. So wechselte ich als Managerin in eine Bar, den ‹Cognac Club›. Ich lernte, alkoholische und nichtalkoholische Cocktails mixen und Früchte arrangieren.» Vier Jahre managte sie den «Cognac Club».

Alan hatte schon 1985, mit achtzehn Jahren, geheiratet, und 1991 kam ihr Sohn auf die Welt. Als dieser sechs Jahre alt war, beschloss sie, nach Tansania zu ziehen. «Der Bruder meines Mannes hatte in Dar es Salaam ein Baugeschäft, und in Arusha besass er ein Restaurant, er wollte, dass ich dieses führe. So liess ich meinen Sohn bei meiner Mutter und kam nach Tansania. Mein Mann blieb wegen seiner Arbeit ebenfalls in China, er ist Maschineningenieur. Erst im Jahr 2005 kam er nach Tansania, um bei seinem Bruder im Baugeschäft zu arbeiten. Seinen ersten grossen Auftrag hatte er beim Bau der Zahnklinik in Dodoma.»

Die Trennung von Mann und Kind 1997 war hart für die dreissigjährige Alan. Sie ging zum ersten Mal im Leben von zu Hause weg und kam ohne Englisch- und Kiswahilikenntnisse allein nach Tansania. «Aber ich war so beschäftigt, dass für Heimweh keine Zeit blieb. Ich musste möglichst rasch Englisch lernen, ich hatte nur ein Lehrbuch, keinen Lehrer. Der tansanische Barman, der mit mir arbeitete, brachte mir das Nötige bei, so dass ich nach drei Monaten allein arbeiten und mit den Leuten ein wenig sprechen konnte. Kiswahili lernte ich nur ein Minimum, gerade so viel, dass ich auf dem Markt für das Restaurant einkaufen konnte.»

Alan arbeitete im Restaurant ihres Schwagers, dem «Everest Chinese» in Arusha, das für gutes chinesisches Essen bekannt ist. Nach zwei Jahren verkaufte ihr Schwager jedoch das Restaurant, und Alan kehrte im Jahr 2000 nach China zurück. Dort fand sie wieder in einem Hotel in Chengdu eine Stelle. Aber nach weiteren zwei Jahren kam die Anfrage einer chinesischen Freundin, die sie in Tansania kennengelernt hatte, ob sie mit ihr ein Restaurant in Moshi eröffnen wolle. Die Aussicht auf ein eigenes Lokal lockte sie, und so kehrte Alan 2002 in den Norden von Tansania zurück.

«Es ist ein kleines Restaurant mit Garten etwas ausserhalb des

Stadtzentrums. Wir tauften es ‹Panda Chinese›, nach dem Pandabär. Wir hatten einen chinesischen Küchenchef, aber er taugte nicht viel. Nach weniger als einem Jahr haben wir ihm die Reise nach China bezahlt und ihn zurückgeschickt. Von da an kochten wir selbst. Wir waren beide gleichzeitig Chefin, Köchin, Kassierin und Servierfrau, einfach alles, wir hatten nur einen Kellner und zwei Küchenhilfen angestellt. Da wir kein Auto besassen, gingen wir jeweils frühmorgens zu Fuss auf den Markt, es war etwa vierzig Minuten Weg. Für den Rückweg mit der vielen Ware nahmen wir ein Taxi, aber es war trotzdem anstrengend, so einzukaufen. Wenn viele Gäste kamen, gab es einen Haufen Arbeit, manchmal kam aber auch gar niemand zum Essen. Die Einnahmen reichten knapp, um das Personal zu bezahlen, erst nach anderthalb Jahren konnten meine Freundin und ich unseren ersten Gewinn teilen, siebenhundert Dollars, ich erinnere mich noch genau.»

Nach zwei Jahren fragte ein chinesischer Bekannter Alan an, ob sie ihm bei der Eröffnung eines chinesischen Restaurants in Mwanza helfe. Das grosse Restaurant Yun Long Chinese liegt in wunderschöner Lage direkt am Victoriasee und ist der einzige realisierte Teil eines gescheiterten Nobelhotel-Projektes. Alan sagte zu. Nach der Eröffnung bat sie der Besitzer, weiter für ihn zu arbeiten. «Ich sprach mit meiner Freundin in Moshi, und sie war einverstanden. Das kleine Restaurant in Moshi warf wenig Profit ab, und so meinte sie, es sei gut, wenn ich einen zusätzlichen Lohn hätte und wir den Gewinn des ‹Panda Chinese› teilen könnten. Ich arbeitete über ein Jahr in Mwanza, dann erhielt ich das Angebot hier in Dodoma.»

Nun ist Alan schon fast fünf Jahre Chefin im chinesischen Restaurant im Hotel New Dodoma und es gefällt ihr. Seit vier chinesische Baufirmen in Dodoma eine riesige Universität bauen, die einmal vierzigtausend Studenten aufnehmen soll, hat ihr Restaurant zusätzlichen Aufschwung erlebt. Jede Woche kommen zahlreiche chinesische Baufachleute zum Essen, sie kommen in Gruppen von zehn bis zwanzig, trinken viel Bier, sind im Gegensatz zu den Tansaniern ziemlich laut und rauchen gerne. Inzwischen haben aber auch manche Tansanier die chinesische Küche kennen und schätzen gelernt, und insbesondere wenn das Parlament in Dodoma tagt, ist das Restaurant gut besucht.

Ruhetag gibt es keinen im chinesischen Restaurant, und so ist die Freizeit von Alan sehr knapp. Während der kurzen Pause am Nachmittag schaut sie sich manchmal einen Film an, oder sie schläft ein wenig. Sie lebt mit den chinesischen Küchenangestellten in einem Haus in der Nähe des Restaurants. Mit ihrem Mann, der in Dar es Salaam arbeitet, telefoniert sie täglich. Treffen können sich die beiden nur etwa alle zwei, drei Monate, meistens in Dar es Salaam, wo Alan dann oft noch Einkäufe macht, weil das Angebot grösser ist als in Dodoma.

Mit ihrem Sohn und den Eltern bleibt Alan in regelmässigem Kontakt, etwa zweimal pro Woche telefoniert sie über Computer nach China. Zudem reist sie jedes Jahr für zwei Monate nach Chengdu. Während ihrer Abwesenheit sorgt ihr Cousin dafür, dass das Restaurant in Dodoma gut läuft. Im Juli 2009 ist ihr inzwischen achtzehnjähriger Sohn erstmals für längere Zeit bei ihr auf Besuch. Er hat in China eine Highschool-Ausbildung als Steward abgeschlossen und wartet auf den Beginn des Praktikums. Die Zeit dazwischen hat er für die Reise nach Tansania genutzt.

Zum Chinesischen Neujahr möchte Alan mit ihrem Mann nach Chengdu reisen, um Eltern und Verwandte zu besuchen. Es wird die erste gemeinsame Reise des Ehepaars in die Heimat sein. Endgültig zurück nach China will Alan nicht, mindestens vorläufig nicht. «Mir gefällt es in Dodoma, das Klima ist gut, das Wetter ist gut, in Chengdu ist das Klima feucht, und der Himmel sehr oft bedeckt. Es gibt nicht viel Verkehr in Dodoma, nicht so viele Leute wie in China und nicht viel Kriminalität. Zudem sind die Läden und der Markt in der Nähe, ich muss nicht weit gehen oder fahren zum Einkaufen, das ist praktisch, auch wenn ich jetzt ein Auto habe. Mit den Besitzern des Hotels haben wir ein gutes Einvernehmen. Ich bin nur Pächterin, ich muss mich nicht um Strom, Wasser und all das kümmern. Und wenn ich in Schwierigkeiten geraten sollte, werden sie mir helfen. Ich denke, ich werde hier bleiben, es ist ein guter Ort. Im Übrigen bin ich nicht ein Mensch, der sich allzu viel Sorgen und Gedanken für die Zukunft macht, so ist das Leben leicht für mich.»

Alltag in Dodoma

Ich fühle mich wohl in dieser Stadt, wo der Himmel so weit ist, weil nur die Kirchtürme, die Minarette und wenige mehrstöckige Gebäude die niedrigen Wohnhäuser und Hütten überragen. Blickt man von einem der umliegenden Hügel auf die Stadt hinunter, ist es eine grüne Stadt, die sich weit in die Ebene ausdehnt. Es gibt viele Bäume und Sträucher und immer noch viele unbebaute Flächen, auf denen in der Regenzeit Mais und Bohnen angepflanzt wird. Die Stadt lässt mich atmen, ich fühle mich weder beengt noch bedrängt. Dies mag sich in den kommenden Jahren und Jahrzehnten ändern, denn mit dem Bau einer Universität auf einem der Hügel am Stadtrand hat die Bautätigkeit in der ganzen Stadt Aufschwung genommen. Die im Jahr 2006 eröffnete, aber noch nicht fertig gebaute Universität soll mit vierzigtausend Studentinnen und Studenten die grösste des Landes werden.

Der Verkehr hat in den letzten drei Jahren beträchtlich zugenommen, aber noch geht die Mehrzahl der Menschen hier zu Fuss, und in der ganzen Stadt gibt es einen einzigen Zebrastreifen, dort, wo die Bahnlinie die Strasse überquert. Die Fussgängerinnen und Fussgänger und die Velofahrenden prägen den gemütlichen Rhythmus von Dodoma. Viele Menschen sitzen und stehen herum, meist in kleinen Gruppen, am Strassenrand, bei einem Taxistand, einem ambulanten Verkäufer, einem Veloflicker. Auch Frauen sitzen auf dem sandigen Boden und bieten in grossen Plastikbecken, die sie auf dem Kopf transportieren, Früchte und Gemüse an. Vor dem Bahnhof, in den nur selten ein Zug einfährt, kauern mehrere Frauen vor ihrem Holzkohlenfeuer und kochen Maisbrei und Gemüse-Fleisch-Eintopf für die Reisenden. Das Strassenbild ist farbig und lebendig: die bunten Tücher der Frauen, das blitzende Lachen mit schneeweissen Zähnen in den dunklen Gesichtern, der aufrechte, stolze Gang der Frauen und der schlaksig lockere der jungen Männer.

Es gibt auch Tage, an denen ich wie durch eine andere Brille schaue und viel Hässliches sehe: die Abfallgruben in den Quartieren, in denen Hunde, Katzen und Hühner und manchmal auch Menschen nach Essbarem und Brauchbarem suchen, die unzähligen hauchdünnen Plastiksäcke, die vom Wind durch die Luft gewirbelt werden und sich im Dornengebüsch festhaken, die vielen Schlaglöcher in den Strassen und auf den wenigen Gehsteigen im Zentrum, heruntergekommene Häuser und Hütten, verwahrloste Strassenkinder, Bettlerinnen und Bettler. Die verrosteten Minibusse sind vollgepfercht und scheinen unter der Last der Passagiere zusammenzukrachen, aber der Busbegleiter, der das Fahrgeld einkassiert, lehnt sich weit aus dem offenen Fenster, und winkt mit eleganter Handbewegung neue Fahrgäste her.

An solchen Tagen ärgere ich mich über die unverantwortlich rasenden und jede Verkehrsregel missachtenden Auto- und Lastwagenfahrer, die mir das Fahrradfahren vermiesen, und ich verwünsche den heftigen Dodoma-Wind, der mir Sand und Staub ins Gesicht weht. Doch Ärger ist eine europäische Untugend. Die Einheimischen nehmen alles mit Gelassenheit, über gefährliche Manöver oder Missgeschicke lachen sie, geflucht oder geschimpft wird ganz selten.

Auch meine Laune bessert sich rasch wieder in dieser Umgebung. Es reicht oft, dass mich Schulkinder fröhlich mit «good morning teacher» grüssen oder einfach lachend «mzungu» rufen. Sie sind in blauweisse Schuluniformen gekleidet und haben alle kahl geschorene Köpfe, Mädchen wie Knaben. Auch Frauen lassen sich die Haare meist ganz kurz schneiden und bedecken sie mit einem turbanartig geschlungenen Tuch. Ab und zu lassen sich manche in stundenlangen Prozeduren Zöpfchen flechten, die eine kunstvolle Zeichnung auf den wohlgeformten Köpfen bilden. Oft wird auch künstliches Haar eingeflochten, um das eigene Haar zu verlängern, oder es werden Perücken aus Kunsthaar aufgesetzt. Verwundert sah ich eines Morgens, wie Zainabu, die Hausangestellte, die neue kupferrote Perücke unbekümmert aufs Küchenbuffet legte, als wäre es eine Mütze, und sich die Schürze umband.

In unserem Quartier werde ich häufig «Elizabeti» gerufen, und daran ist die fröhliche Coiffeuse schuld im blauen Holzschuppen, der als Coiffeursalon dient. Sie hat bei mir lachend zwei-, dreimal um Geld gebettelt, und ich habe lachend abgewinkt. Darauf haben wir unsere Namen ausgetauscht und mit ihren Brocken Englisch und meinen in Kiswahili ein paar Worte gewechselt. Von da an rief sie jeweils von Weitem mit lauter Stimme «Elizabeti!», wenn sie mich auf dem Velo kommen sah, und bald kannte das halbe Quartier meinen Namen. Als eines Tages der hellblaue Schuppen von ein paar starken Männern auf einen Handwagen gehievt und wegtransportiert wurde, empfand ich das Verschwinden der Coiffeuse und ihres Salons als echten Verlust. Aber dann stand sie plötzlich wieder hinter mir, als ich auf dem Weg zum Markt war. Sie nahm mich an der Hand, um mir ihren neuen Arbeitsplatz in einem Salon gegenüber vom Markt zu zeigen, und begleitete mich danach bei meinen Markteinkäufen, ohne meine Hand loszulassen.

Es ist in Dodoma ein wenig wie in einem Dorf: Wenn man ein paarmal im gleichen Laden oder Restaurant war, wird man vom Personal bereits als gute Bekannte begrüsst. Die Serviererin, die beim ersten Mal lustlos an den Tisch schlurft, um die Bestellung aufzunehmen, setzt spätestens beim dritten Besuch ein breites Lachen auf und heisst uns freundlich willkommen. Viele Einkäufe machen wir abwechslungsweise bei einem der zwei Lebensmittelläden von indischen Familien. Sie werden «supermarket» genannt, sind aber eher mit einem Tante-Emma-Laden zu vergleichen. Fatima, die Frau des einen Händlers, fragt mich schon bald, ob ich ihren beiden Töchtern das Schwimmen beibringen könnte, und so werde ich unverhofft zur Schwimmlehrerin. Der Besitzer des anderen Ladens fragt meinen Mann eines Tages, ob er für seinen Sohn aus der Schweiz einen Ohrstecker mitbringen könne, wie er ihn trage. Und Ismat, die in ihrer Eisdiele seit Kurzem Pizza anbietet, ruft uns nach dem ersten Kauf zu Hause an, um zu fragen, ob sie geschmeckt habe. Auch am Marktstand, bei dem wir regelmässig am Samstag einkaufen, im Sanitärgeschäft und in anderen Läden sind wir rasch keine Fremden mehr, sondern gern gesehene Kunden. Die Herzlichkeit der Menschen, mag sie auch geschäftlich motiviert sein, macht unseren Alltag im fremden Land angenehm.

Adolf Kirschstein

Geboren 1930 in Kigoma

«Meine grösste Aufgabe in meinem Leben war, die vierzig Kinder aufzuziehen»

Der Hinterhof von Adolf Kirchsteins Haus grenzt an unseren Garten und wir hören seine hundert Hühner gackern und die fünf Hunde bellen, wenn sie sich abends um das Fressen streiten. Der alte Herr, Mister Adolf oder «mzee Adolf» genannt, sitzt oft am späten Nachmittag vor dem Haus mit einem gehäkelten schwarzen Käppi auf dem Haupt. Er grüsst immer freundlich, sodass wir eines Tages ins Gespräch kommen. Er ist der Sohn einer Afrikanerin und eines Deutschen. Mit verblüffender Offenheit erzählt er mir in der Folge seine Lebensgeschichte, deren Details nicht immer ganz genau stimmen mögen, auch über die Zahl seiner Frauen und Kinder gibt es unterschiedliche Aussagen. Aber Zahlen sind nicht so wichtig in Tansania, der Glaube, dass sie etwas Präzises seien, fehlt hier. Wir einigten uns auf sechs Frauen, mit denen er länger zusammenlebte oder noch -lebt, auf dreiundvierzig Kinder von einer unbekannten Zahl von Frauen, achtundsechzig Enkel und sechs Urenkel.

Mister Adolf war ein Frauenheld, ein Lebemann, ein kompetenter und tüchtiger Berufsmann, ein schlauer Geschäftsmann und noch einiges mehr. Jetzt ist er bald achtzig. Vor einem Jahr hat er einen Schlaganfall erlitten und macht keine grossen Sprünge mehr. Zur Schifffahrt auf dem Mtwara-Stausee, zu der er uns einlud, wird es nicht mehr kommen. Das Schiff rostet jetzt in seinem Garten vor sich hin. Die Zeiten, als er mithilfe von Fischern, die mit vier Holzbooten die Netze auswarfen, über zwei Tonnen Fisch an Land zog, während die Händler mit ihren Pick-ups mit Eisblöcken auf der Ladefläche am Ufer auf den Fang warteten, sind vorbei. Aber ganz kann er das Handeln nicht lassen, das liegt ihm zu sehr im Blut. Mit Hühnern und Kaninchen und mit dem selbst gekelterten Wein aus Hibiskusblüten, der in seiner Veranda ausgeschenkt wird, macht er immer noch kleine Geschäfte. Von seiner mageren Pension, die etwa dem Lohn einer seiner Hausangestellten entspricht, die zusätzlich Kost und Logis hat, könnte er nicht leben. «Ich war immer sehr schlau im Herausfinden, wie ich Geld verdienen konnte», sagt er lachend und kneift dabei die listigen Äuglein zusammen.

Sein Vater, ein deutscher Geologe, war als Gold- und Edelsteinsucher nicht sehr erfolgreich gewesen. Auch die Kaffeeplantage, die er mit Hilfe des deutschen Missionars und ehemaligen Bauern Schulz anbaute, war nicht ertragreich. Aber irgendwie hatte es doch immer genügend Geld im Hause Kirschstein. Dr. Egon Kirschstein war im Ersten Weltkrieg mit der Armee nach Tanganyika, damals Deutsch-Ostafrika, gekommen. Kurze Zeit war er im deutschen Militärlager in Tukuyu in der Nähe des Nyassasees stationiert, aber noch während des Krieges fand er Mittel und Wege, um stattdessen in den Gruben von Chunya nach Gold zu suchen. Im Goldgräberstädtchen nördlich von Mbeya lernte er seine Frau Mlenga Masiti Kapunga kennen, die Enkelin eines Stammeschefs aus dem Nachbarland Sambia.

Egon Kirschstein wurde nach dem Sieg der Engländer über die Deutschen als Kriegsgefangener interniert und musste danach bis Kriegsende Zwangsarbeit an der Eisenbahnstrecke Tabora–Kigoma leisten. «Als er sich später mit meiner Mutter, Mama Masiti, in Kigoma niederliess, hatte er bereits fünf Kinder: Emily, Erna, Martha, Karl und Alice. Ich wurde als sechster in Kigoma geboren und nach mir kam noch Alwine, wir waren insgesamt zwei Knaben und fünf Mädchen. In meiner Erinnerung sass mein Vater meist schlafend im grossen Schaukelstuhl unter dem Mangobaum im Garten. Ich denke, er hatte in jener Zeit kein Ziel mehr in seinem Leben. Er war nicht mehr jung. Etwa alle zwei Jahre ging er nach Deutschland, um seine Verwandten zu besuchen. Er hatte dort noch zwei Söhne von seiner ersten Frau.»

Mit fünf Jahren ging Adolf Kirschstein zur Schule. Zusammen mit zwei älteren Schwestern besuchte er ein Jahr lang die protestantische Missionsschule von Missionar Schulz und seiner Schwester Frida in Matiazo bei Kigoma. «Es war eine harte Zeit, wir hatten einen Schulweg von elf Kilometern, wir gingen beim ersten Tageslicht los und kamen beim Einnachten nach Hause. Wir rannten buchstäblich in die Schule. Als Verpflegung hatten wir jeweils ein paar gebratene Süsskartoffeln dabei. Im zweiten Schuljahr konnte ich glücklicherweise in Kigoma in die katholische Missionsschule gehen und hatte nicht mehr einen so weiten Schulweg. Nach der vierten Klasse kam ich nach Tabora ins Internat, in die Tanganyika Government School. Dort lernte ich Julius Nyerere kennen. Er war acht Jahre älter als ich, aber er hatte erst als Zwölfjähriger in Musoma die Primarschule begonnen und kam danach in die Mittelschule in Tabora. Ich erinnere mich, dass wir in der Küche manchmal Zwiebeln stahlen und uns zusammen etwas kochten.»

Der Zweite Weltkrieg ging an Adolf fast unbemerkt vorbei. Sein Vater wurde zwar von der englischen Kolonialverwaltung unter Hausarrest gestellt, aber anders als die meisten deutschen Siedler nicht interniert. Offenbar wurde auch der Hausarrest locker gehandhabt, Dr. Kirschstein war eine respektierte Persönlichkeit in Kigoma. Seinen Unmut über die Engländer äusserte er höchstens im Familienkreis. Adolf Kirschstein erinnert sich gut an das kleine Radio, an dem die Familie Nachrichten über den Verlauf des Krieges hörte. Aber für den Schulbub Adolf kamen diese aus einer sehr weit entfernten Welt, die ihn nicht zu betreffen schien.

1948 starb Egon Kirschstein mit noch nicht ganz siebzig Jahren. Seine Frau zog nach seinem Tod mit den Kindern nach Mbeya, in die Region, in der sie aufgewachsen war. Sie konnte dort von einem Europäer eine Kaffeefarm kaufen.

Der achtzehnjährige Adolf blieb in Tabora im Internat. Nach Abschluss der Mittelschule ging er nach Dar es Salaam, ohne seiner Mutter zu sagen, was er im Sinn hatte. Er wollte Seemann werden. Er fand einen Kollegen, der ein Segelschiff hatte, eine «dhow», und konnte mit ihm nach Sansibar segeln. «Sansibar ist muslimisch, und es war dort schwierig für mich als Kirschstein, so änderte ich meinen Nahmen in Abdul Mohammed, um leichter Arbeit zu finden. Innerhalb eines Jahres gelang es mir, auf einem griechischen Schiff einen Job zu finden. Wir reisten in die Hafenstadt Famagusta im damals griechischen Zypern. Ich hatte das Glück, dort die Marineschule besuchen zu können und die zweijährige Ausbildung zum Kapitän zu absolvieren. Um das Schulgeld und Kost und Logis zu bezahlen, arbeitete ich in der Schule, ich putzte Toiletten und wusch Kochtöpfe. Mit dem Kapitänsausweis in der Tasche heuerte ich auf einem griechischen Schiff nach Sansibar an. Ich wurde fürchterlich seekrank, zudem passten mir die Arbeitsbedingungen auf dem Schiff nicht. So beschloss ich, von Sansibar nach Mbeya zurückzukehren, zu meiner Mutter. Ich erinnerte mich nicht mehr, wo sie wohnte, und musste mich durchfragen. Meine Mutter und meine Geschwister empfingen mich sehr herzlich, obwohl ich ihnen die ganze Zeit nie geschrieben hatte.»

Als Kapitän, der nicht mehr zur See gehen wollte, musste Adolf sich nach einer neuen Arbeit umsehen. Die Zahl ausgebildeter Tansanier war in den 1950er-Jahren klein, und so fand er dank seinem Schulabschluss und dem Kapitänspatent rasch Arbeit bei einem englischen Bauingenieur, der für die britische Verwaltung arbeitete. Er fing als Traxfahrer an und konnte bald verschiedene Kurse besuchen und sich schliesslich zum Bau- und Maschineningenieur weiterbilden. Als der englische Ingenieur nach Europa zurückkehrte, erhielt er dessen Stelle und wurde bald Regionalingenieur.

Es war die Zeit, in der die tansanische Unabhängigkeitsbewegung an Bedeutung gewann, 1954 wurde Julius Nyerere Vorsitzender der «Tanganyika African National Union» (TANU). Adolf schloss sich der Partei an, obwohl dies Staatsangestellten unter der britischen Verwaltung nicht erlaubt war. «Ich war TANU-Vorsitzender in Tukuyu und warb für Mitglieder, ich verkaufte Mitgliedskarten. Als mich der Vorgesetzte deswegen zitierte, sagte ich, ich hätte nichts mit dieser Partei zu tun, es sei ja nicht vorstellbar, dass ich als Mischling TANU-Mitglied sei. Sie konnten mir nichts nachweisen, aber sie versetzten mich nach Iringa.» Dort wurde kurz darauf der Besuch der britischen Prinzessin Margaret erwartet, und der junge Ingenieur hatte eine grössere Aufgabe zu lösen. «Ich musste in kürzester Zeit eine Flugpiste bauen, damit die Prinzessin und ihr Gefolge dort landen konnten. Wir arbeiteten Tag und Nacht. Es wurde eine gute Landepiste, der Pilot war sehr zufrieden und die Piste existiert noch heute. Die Prinzessin wurde in einem Plymouth zu den Teefarmen gefahren. Der Luxuswagen stand danach in einem Ausstellungsraum in Mbeya, und ich konnte ihn schliesslich für sechzigtausend tansanische Schilling erwerben. Ich fuhr fünf Jahre lang stolz damit herum, dann verkaufte ich ihn.»

In den folgenden Jahren und Jahrzehnten kam Adolf Kirschstein im ganzen Land herum als Distrikts- oder Regionalingenieur und baute Brücken und Strassen. Er lebte in Morogoro, Kigoma, Lindi, Dodoma, Singida und schliesslich in Mwanza. Überall lernte er schöne Frauen kennen und zeugte Kinder. Die erste Frau, mit der er in Kigoma am Tanganyikasee verheiratet war, brachte ihm allerdings kein Glück. «Eliza war eine wunderschöne Mischlingsfrau aus dem Kongo, aber sie trank viel Alkohol, und ihre Umgangsformen waren eher rau. Sie versuchte mich zu vergiften, sie wollte mich loswerden und mein Geld haben. Ich lag drei Monate im Spital, ich verlor vorübergehend das Augenlicht. Ich ging vor Gericht, und wir wurden geschieden. Die Vergiftung konnten sie ihr nicht nachweisen. Aber sie starb bald danach selbst an einer Vergiftung.» Adolf Kirschstein lebte darauf mit seiner zweiten Frau Margret. Sie schenkte ihm zwei Töchter. Bei einem Autounfall kam sie früh ums Leben. Die dritte Frau war Assunta, die Tochter eines Stammeschefs. «Sie war schön und gebildet, ich nahm sie 1961 zur Frau, und sie gebar mir sieben Kinder. Sie war eine sehr gute Frau, die beste, sie reiste mit mir durch ganz Tansania. Aber auch sie starb noch jung an einer Herzattacke.»

In den Fotoalben von Adolf Kirschstein ist auf einem Bild der noch schlanke Adolf zwischen zwei Frauen zu sehen, rechts die klein gewachsene, solide ausschauende Assunta und links eine sehr junge, sehr schlanke Frau, der er den Arm um die Schulter legt, seine vierte Frau, Alfride. Auf einem weiteren Bild liegt Assunta im mit hellblauem Satin ausgeschlagenen Sarg, neben sich ein Baby. Ob das Kind starb, weil die Mutter eine Herzattacke hatte, oder ob beide bei der Geburt starben, finde ich nicht heraus. Später nahm sich Adolf Kirschstein eine weitere Frau, Maria, genannt Mama Amy, und schliesslich kam auch noch Amina, genannt Mama Ibrahim, als seine letzte Frau ins Haus. In Tansania werden die Mütter meist nach dem Namen des ersten Kindes genannt.

Bei einem Aufenthalt im Städtchen Iringa lerne ich drei Töchter von Adolf Kirschstein kennen. Anna, die Tochter der zweiten Frau Margret, erinnert sich mit Vergnügen an ihre Kindheit in Musoma am Victoriasee, in einem Haus mit einer grossen Schar von Kindern und mehreren Frauen. Assunta wurde ihre Ersatzmutter nach dem Unfalltod ihrer eigenen Mutter. «Jede Frau hatte ihr Zimmer, und wir mussten allen gehorchen, nicht nur der eigenen Mutter. Es gab klare Regeln im Haus, die kleinen Kinder assen zusammen in Gruppen, und wir Grossen assen mit Mama und Papa am Tisch. Für uns war es normal, so zu leben, wir hatten alles, was wir brauchten. Am Sonntag gingen wir oft picknicken oder auf die Jagd.»
Ihre Halbschwester Marta hat ganz andere, schlechte Erinnerungen an die Kindheit. Sie litt darunter, dass ihre Mutter Alfride im Haus in Musoma lebte, während sie von zwölf- bis sechzehnjährig mit Mama Amy und Mama Ibrahim und über dreissig Kindern im grossen Haus in Mwanza leben musste. «Je drei Kinder – Mädchen und Knaben getrennt – schliefen in einem Zimmer. Eine der Frauen kochte abwechslungsweise zusammen mit den Hausmädchen, und wir Kinder gingen mit unseren Tellern das Essen fassen.» Marta besuchte die Mittelschule in Mwanza und wäre gerne auch noch in die Oberschule gegangen, die das Studium an der Universität ermöglicht. Aber als sie neunzehnjährig war, befand

Vater Adolf, sie solle nun heiraten. Sie heiratete den Bruder des Ehemannes ihrer Schwester Nina. Die jungen Männer stammten aus einer Familie, mit der Adolf Kirschstein befreundet war. Ihr Vater war ein deutsch-tansanischer Mischling wie Adolf Kirschstein, und die Mutter stammte aus einer italienisch-tansanischen Ehe. «Wenn Vater die Familie des Heiratsanwärters kannte, willigte er sofort in die Ehe ein, andernfalls zog er Erkundigungen ein über dessen Familie, bevor er die Einwilligung gab», erzählt Tochter Anna. Martas Mann führt mit seinem Bruder eine erfolgreiche Transportfirma. Das Paar hat fünf Kinder, mehr will Marta nicht. Sie hat ihrem Ehemann früh klargemacht, dass sie keine Grossfamilie mit mehreren Frauen will, wie sie dies als Kind erlebt hatte.

Die Grossfamilie unter einem Dach hatte sich Adolf Kirschstein in Mwanza zugelegt, nachdem er sich als Regionalingenieur frühzeitig pensionieren liess. «Ich ging zu allen Frauen, von denen ich hörte, dass sie Kinder von mir hätten, bezahlte eine Abfindung und brachte die Kinder in mein Haus. Ich ermöglichte allen eine Schulbildung. Ich habe sieben Kinder von Assunta, eines von Margret, zwei von Alfride, sieben von Maria, fünf von Mama Ibrahim und weitere dreizehn von anderen Frauen.» «Du hattest insgesamt fünfundvierzig Kinder von sechzehn Frauen, aber fünf Kinder starben», wirft Mama Ibrahim ein, die neben ihm im Lehnstuhl Platz genommen hat. Sie führt die Chronik im Hause Kirschstein. «Meine grösste Aufgabe in meinem Leben war, die vierzig Kinder aufzuziehen. Aber ich schaffte es», sagt Adolf Kirschstein stolz. «Mehreren Söhnen konnte ich später Kapital zur Verfügung stellen, damit sie ein Geschäft eröffnen konnten. Ein Sohn hat mehrere Tanklastwagen und transportiert Benzin und Diesel durchs ganze Land und bis nach Burundi und Sambia, ein anderer hat grosse Bohrmaschinen, um Wasserlöcher für Brunnen zu bohren, er hat auch meinen Brunnen hier im Garten angelegt. Einer meiner Söhne ist taub, aber er ist ein guter Mechaniker. Ein anderer trinkt leider zu viel. Aber ich bin glücklich, alle meine Kinder wissen, dass ich sie liebe. Ich wollte die Familie Kirschstein vermehren, ich hätte gerne hundert Kinder gehabt, aber ich habe es nicht geschafft.»

Stammeschef in Sambia hingegen wollte Adolf Kirschstein nicht werden. Vor nicht allzu langer Zeit wurde er von der Familie seiner Mutter per Brief offiziell angefragt, ob er der Nachfolger des jetzigen uralten Chefs Kitumbulu in Kasama werde wolle. Er könne mit seiner ganzen Familie nach Sambia ziehen. «Ich kann mir nicht vorstellen, von Leibwächtern umgeben zu sein und unter einem grossen Baum im Dorf mit den alten Männern die Streitigkeiten und Probleme der Stammesbevölkerung zu diskutieren und zu regeln.»

Wie er es mit Heiraten gehalten habe, frage ich Kirschstein. Offiziell geheiratet habe er nur das Mädchen aus dem Kongo. «Wenn einer in diesem Land eine Frau findet und sich das Leben nicht komplizieren will, geht er zum Dorfchef und sagt, er wolle mit dieser Frau zusammenleben. Ich bezahlte dann jeweils dem Vater der Frau zwischen vier- und achthunderttausend tansanische Schilling, danach hatte ich Anrecht auf die Kinder, die sie mir gebar.»

Wie vertrugen sich die verschiedenen Frauen und Dutzende von Kindern unter einem Dach? «Ich war der Chef im Haus», erklärt er bestimmt, «ich musste alles unter Kontrolle halten. Wenn man mit zwei, drei Frauen lebt und eine mehr liebt als die anderen, darf man dies nicht zeigen. Wenn ich einer Frau ein Radio oder ein Fernsehgerät schenken wollte, kaufte ich für jede eines. Ich respektiere sie alle, sie sind die Mütter meiner Kinder, ich sorge für sie und versuche sie glücklich zu machen. Das ist psychologisch eine hohe Anforderung, es ist nicht einfach.»

Das Geld, um den grossen Clan zu ernähren, verdiente er nicht nur als Ingenieur, er hatte zahlreiche Nebengeschäfte, die er teilweise seinen erwachsenen Söhnen überschrieb, um als Staatsangestellter nicht unerlaubter Geschäfte überführt zu werden. «Als ich in Mwanza lebte, war der Nilbarsch von Uganda frisch in den Victoriasee immigriert und die Fischerei war sehr ertragreich. Ich verbrachte viele Nächte am Seeufer und wartete, dass die von mir angestellten Fischer mit meinen drei Booten und den Netzen voller Fische zurückkamen. Pro Fang verdiente ich etwa dreihunderttausend tansanische Schilling. Weil ich im Restaurant grosszügig Getränke ausschenken liess, wollte die Polizei eines Tages wissen, woher ich das viele Geld habe. Es war in der Zeit, als ich Stadtrat werden wollte, so lud ich alle ein, um viele Stimmen zu erhalten. Ich war ziemlich betrunken und ging sorglos um mit dem Geld. Das Fischereiunternehmen gehörte jedoch offiziell meinem Sohn, so konnte mir die Polizei nichts anhaben. Ich wurde dann 1983 tatsächlich in den Stadtrat gewählt, aber die Politik gefiel mir nicht, sie ist ein korruptes Geschäft. Es ging in erster Linie darum, möglichst viel Geld für die Parteikasse zu beschaffen. Nach drei Jahren legte ich das Amt nieder.»

Lieber betrieb Adolf Kirschstein seine privaten Geschäfte. Sie bedeuteten harte Arbeit und waren nicht immer legal. So hiess er zum Beispiel die Leute, die für die Strassenbauarbeiten Kies gruben, diesen gründlich nach Diamanten zu durchsuchen, bevor er als Strassenbelag verwendet wurde. Was sie fanden, verkaufte er südafrikanischen Händlern und entschädigte die Arbeiter genügend, so dass sie ihn nicht verrieten. Geld verdiente er auch mit den von ihm gekauften Strassenbaumaschinen, mit denen einer seiner Söhne arbeitete, sowie mit einem kleinen Busunternehmen.

Eher ein Hobby war die Jagd, auch wenn er ab und zu Büffel- und Zebrafleisch nach Kenia exportierte, wenn seine Kühltruhen voll waren. Er hatte eine Jagdlizenz. «Aber wenn im Jagdgebiet kein Wild war, gingen wir eben hinüber in die Serengeti. Einmal wären wir fast von Wildhütern erwischt worden, aber wir entkamen ihnen. Ein andermal griff mich ein Nashorn an, als ich einen Büffel erlegt hatte. Ich kletterte in Windeseile auf einen Baum und musste dort oben vier Stunden warten, bis sich das Nashorn davontrollte, denn das Gewehr hatte ich beim Klettern fallen lassen.»

Geld brachte Adolf Kirschstein nie auf die Bank, es wäre aufgefallen, wenn der Staatsangestellte ein zu dickes Bankkonto gehabt hätte. Er investierte lieber in neue Geschäfte und versteckte den Rest des Geldes unter der Matratze. «Ich habe oft bis spätabends Geldbündel gezählt. Assunta und später Mama Ibrahim waren meine Kassierinnen und Sekretärinnen. Sie machten das gut, sie stibitzten nicht viel.»

Nach der Pensionierung verkaufte Adolf Kirschstein sein riesiges Haus mit Seesicht in Mwanza für die stolze Summe von fünfundsechzig Millionen tansanische Schilling. Mit Säcken voller Geld zog er 1993 nach Dodoma und baute ein Haus, das in der Grösse seinem jetzigen Hausstand angepasst ist. Er lebt mit zwei seiner Frauen, Mama Amy und Mama Ibrahim, sowie mit zwei Enkelkindern, dem Kind einer Schwägerin und ein paar Hausangestellten. Die dritte Frau wohnt im Stadtzentrum mit ihrer Tochter zusammen. Sie kommt ab und zu vorbei und setzt sich zu einem Schwatz mit Adolf in einen der grossen Fauteuils. Die drei anderen Frauen, mit denen Kirschstein gelebt hat, sind gestorben. In Dodoma gefällt ihm das Klima, und geografisch befindet er sich im Zentrum seiner über das Land verstreuten Söhne und Töchter.

Sein Haus entspricht nicht dem eines reichen Mannes nach europäischem Standard, es ist einfach möbliert, und die Farbe blättert von den Wänden ab. Die Fenster des grossen Schlafzimmers, das er mit Mama Ibrahim teilt, grenzen auf einer Seite direkt an den Hühnerhof und auf der anderen Seite ans Gehege der Kaninchen. Vor dem Haus wachsen Obstbäume, Blumen und Grünpflanzen, neben dem Haus ist ein Gemüsegarten angelegt, und dahinter verrosten ein alter Lastwagen, ein Jeep und das Motorboot. Die fünf knochenmageren Hunde sind tagsüber an verschiedenen Bäumen angebunden und dösen vor sich hin, während sich Händlerinnen und Händler, die irgendetwas verkaufen wollen, vom Putzmittel über die Kerosinlampe zu Tomaten, die Klinke des Gartentors in die Hand geben. Gegen Abend kommen jeweils die Männer aus der Nachbarschaft, die in der Veranda von «mzee» Adolf Wein aus Hibiskusblüten trinken.

Der Hausherr bewegt sich nicht mehr viel seit seinem Schlaganfall, aber er hat mit wachem Blick und Geist alles unter Kontrolle. Während unseres Gesprächs ruft er immer wieder einem Familienmitglied etwas zu, um auf dem Laufenden zu sein oder ihnen zu sagen, was sie zu tun haben. Selbst wenn ein Enkelkind sein Röcklein nicht richtig umgebunden hat, bemerkt er dies und heisst es, sich anständig zu kleiden.

Wenn wieder einmal die städtische Wasserversorgung versagt, ist Adolf Kirschstein für die Quartierbewohner dank seinem Brunnen, den sein Sohn gebohrt hat, der Retter. Er sitzt neben Mama Ibrahim am Tor und überwacht das Abfüllen der Wassereimer und -container. Beim Gehen legen die Wasserträger, meist Kinder und Jugendliche, eine Münze pro Eimer ins Büchslein, das Mama Ibrahim auf ihrem Schoss hält.

Vor einiger Zeit musste sich Adolf Kirschstein in Dar es Salaam einer Prostataoperation unterziehen. «Als ich aus der Narkose aufwachte, hatte ich so starke Schmerzen, dass ich die Krankenschwester fragte, ob sie mir alles abgeschnitten hätten. Sie beruhigte mich, es sei noch alles vorhanden. Und als ich aus dem Spital kam, gab es bei der Schwiegertochter eine grosse Party. Ich fragte, ob sie geglaubt hätten, ich sterbe, dass sie ein solches Aufheben machten?» Er zeigt mir das Fotoalbum vom Fest mit vielen Töchtern und Söhnen, Schwiegertöchtern und Schwiegersöhnen, Enkelinnen und Enkeln.

Im Stoffgeschäft in Dar es Salaam, in dem eine seiner Schwiegertöchter arbeitet, hat er nach dem Spitalaufenthalt vor der Rückreise nach Dodoma Tapezierstoff gekauft, um sämtliche Polstermöbel neu zu überziehen. Das grünblaue Muster des Stoffes passt farblich zum die ganze Wand bedeckenden Tapetenbild, das eine Villa auf einem Hügel am Meer zeigt. Ein junger Tapezierer ist auf der Stör und nagelt und polstert im Wohnzimmer geschickt an den vier Sofas und drei Sesseln. Adolf erwartet zwei seiner drei noch lebenden Schwestern auf Besuch, die einundneunzigjährige Erna aus Sambia und die vierundachtzigjährige Alice aus Australien, für sie soll es hübsch aussehen im Haus. Er wird den beiden sein neu gestrichenes Schlafzimmer überlassen und mit Mama Ibrahim in ein kleineres Zimmer umziehen.

Drei Tage später steht ein Landcruiser in Mister Adolfs Garten, die Gäste sind angekommen. Ein freundlicher junger Mann kommt aus dem Haus und heisst mich einzutreten. Er ist einer der vielen Söhne von Adolf, und er hat Tante Alice und Tante Erna von Dar es Salaam hierhergefahren. Sie sind eben angekommen und sitzen mit einem vollen Teller auf den Knien auf den frisch bezogenen Fauteils im Wohnzimmer. Bruder Adolf schaut zu und strahlt übers ganze Gesicht. Jetzt könne er in Frieden sterben, meint er lachend, jetzt habe er Erna und Alice noch einmal gesehen. Erna ist klein, grauhaarig und ganz gebeugt, wenn sie geht, aber ihr Gesicht ist lebhaft. Sie hat Appetit nach der sechsstündigen Autofahrt. Alice, fünf Jahre älter als Adolf, wirkt jünger als er und ist etwas erschrocken über den schlechten Gesundheitszustand ihres Bruders. Wie ich ihr erzähle, dass ich drei Töchter von Adolf in Iringa getroffen habe, Anna, Nina und Martha, fragt sie, wer Anna sei. Adolf erklärt ihr, von welcher Frau sie die Tochter sei, und Alice schüttelt leicht missbilligend den Kopf, sie habe keinen Überblick mehr über die Familie. Adolf, stolz auf seine grosse Sippe, schmunzelt. Dann berichtet Alice, Adolf sei der Lausebengel der Familie gewesen, der öfters Schläge von der Mutter gekriegt habe, was aber nichts genützt habe. In Kigoma sei er oft im Hafen nach Münzen getaucht, die Leute für ihn ins Wasser warfen, ein gefährliches Spiel wegen der Schiffe. Oder er sei mit Taschengeld, das ihm der Vater gegeben habe, in die billigen Lokale gegangen, die ihm sein Vater verbot, und habe seine Freunde eingeladen.

Ich frage, wie es für die Mutter gewesen sei, als Adolf einfach nach Sansibar und Griechenland verschwunden sei, ohne Nachricht? Sie schüttelt wieder den Kopf über den Bruder mit dem

Dickschädel und meint, sie hätten schon erfahren, wo er sei, das Meldesystem über Bekannte habe funktioniert. Adolf hört seiner Schwester zu und wirft zwischendurch einen Satz ein, keineswegs, um sich zu verteidigen, vielmehr wiederholt er seine Heldentaten und Streiche. Er ist ein stolzer und freundlicher Patriarch, ein mit allen Wassern gewaschener Geschäftsmann und immer noch ein wenig der Spitzbub von früher.

Baby Datardina Mawani

Geboren 1949 in Manyoni, Region Singida

«Ich und zwei Schwestern ernährten schliesslich den ganzen Clan»

«Baby ist mein Spitzname, ich war die Jüngste von neun Kindern, der Name ist mir geblieben, selbst in meinen Dokumenten heisse ich Baby und nicht Zohora. Datardina ist der Name meines Vaters und Mawani der Familienname.» Mama Baby ist mit sechzig Jahren eine immer noch gut aussehende Frau. Sie sitzt mit dem Rücken zur Wand an einem Tischlein, das eigentlich zu klein ist für die imposante Gestalt. Auf der Plastiktischdecke mit Rosenmuster steht ein blaues Holzschildchen mit der Aufschrift «B. Mawani», dahinter das Telefon und ein Stapel zerfledderte, in Zeitungspapier eingefasste Hefte für die Buchhaltung, für Telefonnummern und Notizen.

Hier in diesem kleinen Büro verbringt sie jeden Vormittag, empfängt Gäste und Kunden, beantwortet Telefonanrufe und gibt Anweisungen an ihre Angestellten. Neben ihr an der linken Wand stehen drei blaue Holzstühle, auf denen meist jemand sitzt, wartet, zuhört. Es ist ein wenig wie in einem Wartezimmer. Auf was die Besuchenden warten, ist für mich oft nicht ersichtlich, manche sitzen einfach still da, während ich mit Mama Baby plaudere. Grünpflanzen in halb zerbrochenen Töpfen ranken sich den Wänden und der Decke entlang. An einer Wand hängen zwei Goldrahmen mit Segenssprüchen in goldenen arabischen Schriftzügen auf schwarzem Papier, daneben ein Zertifikat von Baby Mawani aus dem Jahr 1979 von einem Kurs für Dorfverwaltung. Weiter prangen da grosse, gerahmte Fotos, eines von Staatspräsident Julius Nyerere, eines von Baby Mawani als junge attraktive Berufsfrau im Deuxpièces mit weisser Bluse und ein weiteres von Karim Aga Khan, dem geistlichen Oberhaupt der Ismaeliten, zu dessen Glaubensgemeinschaft sie gehört.

Die Türe zum Büro steht immer offen, der Geruch von kochender Milch aus der angrenzenden Küche strömt herein. In der vom Rauch geschwärzten grossen Küche steht die Feuerstelle mit einer riesigen Pfanne, ähnlich einer Paellapfanne, auf der ein älterer Angestellter die indische Süssigkeit «pera maziwa» zubereitet, ein Biskuit aus Milch und Zucker.

Der Verkauf von Milch und von Biskuits ist Baby Mawanis Geschäft, seit sie vor fünfzehn Jahren ihre Stelle bei der Regierungspartei verliess. Die gelblichen Biskuits werden in einem überdimensionierten Fliegenschrank im Büro aufbewahrt. Früher lief das Geschäft gut, täglich wurden hundert bis zweihundert Liter Milch aus der Region angeliefert, die sie hier als Rohmilch verkaufte oder, zu «pera maziwa» verarbeitet, nach Dar es Salaam verkaufte. Heute kauft sie nur noch wenige Liter. «Es ist ein Problem, das Geschäft läuft nicht mehr gut, ich sitze nur hier und warte, manchmal verkaufe ich gar nichts. Aber ich muss die Angestellten bezahlen und weiss oft nicht wovon. Bis heute erhalte ich noch keine Pension für meine jahrelange Arbeit bei der Partei, obwohl ich dem Premierminister bereits mehrere Briefe geschrieben habe.»

Baby Mawani klagt nicht lange, dazu hat sie ein zu fröhliches Gemüt, ist zu gutherzig – und sie glaubt an Gottes Hilfe in der Not. Wie sie aus ihrem Leben erzählt, habe ich das Gefühl, dass ihr die Arbeit als Parteiaktivistin besser lag als jene der Geschäftsfrau, obwohl sie als Kind einer indischen Händlerfamilie aufwuchs.

«Mein Vater heiratete meine Mutter, nachdem seine erste Frau, mit der er drei Söhne hatte, gestorben war. Mama kam aus Sansibar und war damals erst etwa fünfzehn Jahre alt, während mein Vater bedeutend älter war. Es war eine arrangierte Heirat. Meine Eltern führten in Manyoni ein Milchgeschäft. Das Dorf liegt etwas über hundert Kilometer westlich von Dodoma an der Hauptstrasse Richtung Mwanza am Victoriasee und an der zentralen Bahnlinie. Wir waren fünf Mädchen und vier Knaben in der Familie, ich war als die Jüngste ein sehr lebhaftes Kind. Ich erinnere mich an zwei Episoden, in denen mich mein Vater wütend ausschimpfte.

Ich schwänzte mit einer Freundin und einem Freund öfters die Schule, und eines Tages gingen wir zum Stausee in der Nähe unseres Dorfes. Als ich die Füsse ins Wasser halten wollte, fiel ich hinein, und weil ich nicht schwimmen konnte, ertrank ich um ein Haar. Zum Glück waren zwei Frauen in der Nähe, die mich herauszogen. Das andere Mal stahl ich mit den beiden anderen Kindern je eine Mango. Wir wurden ertappt und rannten weg, aber ich war zu dick, um schnell zu rennen, und wurde erwischt und zu meinen Eltern gebracht. Mein Vater tobte und drohte, er werde mich schlagen, aber er hat mich nicht geschlagen, nie!»

Als Baby Mawany die sieben Jahre der obligatorischen Grundschule beendet hatte, wollte sie als Einzige ihrer Geschwister weiter zur Schule. Da es in Manyoni nur eine Grundschule gab, kam sie nach Sansibar, zum Bruder ihrer Mutter und dessen Frau, die kinderlos waren. «Ich hatte eine schöne Zeit dort, Onkel und Tante liebten mich und ich ging gern zur Schule im St. Joseph College. Die Bevölkerung in Sansibar ist mehrheitlich muslimisch, aber in diese christliche Schule kamen Kinder aus verschiedensten Familien, muslimische und christliche, asiatische und afrikanische. Meine Eltern hatten mir ein Fahrrad gekauft für den Schulweg. Einmal pro Jahr besuchte ich sie in Manyoni, öfter war es nicht möglich, weil die Reise zu teuer war.»

Nach vier Jahren kehrte Baby Mawani nach Manyoni zurück. Es war Mitte der 1960er-Jahre und Tansania eine noch junge Republik. Baby Mawani wurde begeistertes Mitglied der Einheitspartei TANU (Tanganyika African National Union), der späteren CCM (Chama cha Mapinduzi, die Revolutionspartei). «Ich engagierte mich bei den Frauen und half Ziegelsteine für unser Frauenzentrum fabrizieren. Ich kleidete mich nach afrikanischer Art mit ‹kanga› oder ‹kitenge›. Damals war es nicht üblich, dass Inder und Afrikaner näheren Kontakt miteinander hatten, und viele lachten mich aus. Eines Tages kam sogar ein Brief von der kirchlichen Behörde der Ismaeliten aus Dodoma. Sie warfen meinem Vater vor, er kümmere sich nicht darum, mit wem seine Tochter Umgang habe, sie arbeite mit Afrikanerinnen zusammen. Er antwortete, er wisse, was seine Tochter tue, und dies sei in Ordnung, sie sollten sich nicht sorgen. Meine Eltern unterstützten mich immer.»

Baby Mawani erinnert sich gut an die Versammlung, an der sie Staatspräsident Julius Nyerere zum ersten Mal begegnete. Sie band sich ein schönes «kanga» um die Hüfte und das zweite um den Kopf und setzte sich ganz hinten in die Menge, die sich unter einem grossen Baum im Dorf versammelte, die Männer auf der einen Seite, die Frauen auf der anderen. «Nyerere sah mich als einzige Inderin unter all den Afrikanern, lächelte und winkte mir. Später fragte er die Frauen, wer ich sei. Sie erzählten, ich hätte ihnen viel geholfen beim Bau des Frauenzentrums. Wir führten dort verschiedene Kurse durch, und die Afrikanerinnen zeigten mir, wie man afrikanische Speisen kocht, Maisbrei, Maniokgemüse, Kochbananen, während ich ihnen beibrachte, Süssigkeiten und ‹sambusa›, die gefüllten Teigtaschen, zuzubereiten. Wir hatten zwei Nähmaschinen geschenkt erhalten, und so gab es auch Nähkurse. Neben unserem Zentrum war zudem ein Lokal, wo Erwachsene schreiben und lesen lernten, damals gab es noch viele Analphabeten und Analphabetinnen.»

Bald nach dieser Zusammenkunft riefen die Parteileute Baby Mawani ins TANU-Büro in Manyoni und fragten sie, was ihre Zukunftspläne seien. «Ich sagte, ich möchte studieren. So kam es, dass sie mich zunächst für sechs Monate nach Morogoro in einen Einführungskurs am Staatscollege schickten. Danach konnte ich die Parteihochschule Kipukoni in Dar es Salaam besuchen. Dort studierte ich zwei Jahre. Politik interessierte mich sehr, und ich war gerne dort. Wir mussten kein Studiengeld bezahlen und erhielten gratis Kost und Logis im Internat und ein kleines Taschengeld. Anschliessend studierte ich im Mädchencollege in Musoma am Victoriasee ein Jahr Volkswirtschaft. Ich war Vorsitzende der Schülerinnen und hatte unter anderem die Aufgabe, den Mitschülerinnen am Wochenende Urlaubserlaubnis zu geben. Ich selbst ging nie in den Ausgang. Einige kehrten manchmal spät nachts oder erst am Sonntag zurück, was verboten war; dann wurden nicht nur sie, sondern auch ich von der Schulvorsteherin bestraft. Als Strafe mussten wir putzen oder drei Tage lang auf dem Feld arbeiten. Ich wusste nicht, wie man Gemüse pflanzt, aber die anderen Mädchen halfen mir.»

Anschliessend besuchte Baby Mawani das College Mzega in Tabora, wo sie ein Zertifikat in Dorfverwaltung machte. Inzwischen waren ihre Eltern von Manyoni nach Dodoma umgezogen, weil das Geschäft nicht mehr gut lief und der älteste Bruder von Baby seinen Töchtern in der Hauptstadt eine gute Ausbildung ermöglichen wollte. Sie selbst zog darauf ebenfalls in die Hauptstadt und erhielt dort einen Posten im Büro des Premierministers. Nachdem sie sich ein weiteres halbes Jahr in Swaziland weitergebildet hatte, wurde sie von der Partei in die Dörfer der Region Dodoma geschickt, um dort mit den Frauen zu arbeiten. «Manchmal ging ich morgens früh hin und kehrte am Abend zurück, manchmal blieb ich mehrere Tage im Dorf. Ich ging mit ihnen aufs Feld und lehrte sie, Gemüse und Getreide anzubauen. Es war eine Arbeit, die mir gefiel. Meine Familie war auch froh, dass ich diese Stelle hatte. Kurz nach unserem Umzug nach Dodoma war nämlich mein Vater gestorben und wenige Monate später meine Mutter, die noch jung war. Sie starben beide an Diabetes, es gab damals noch keine Medikamente gegen diese Krankheit. Ich und zwei Schwestern ernährten schliesslich den ganzen Clan, die eine Schwester nähte Kleider, die andere unterrichtete und arbeitete später als Stenotypistin für den Distriktskommissär. Meine dritte Schwester war sehr jung bei einem Autounfall ums Leben gekommen.»

Baby Mawani arbeitete weiterhin als Parteifunktionärin im CCM-Hauptsitz in Dodoma, zudem wurde sie 1972 in den Nationalen Exekutivrat (National Executive Committe) der CCM gewählt und war bis 1988 Mitglied dieses über hundertköpfigen Parteigremiums. Mehrere Jahre arbeitete sie als persönliche Sekretärin von Sofia Kawawa, der Frau von Ministerpräsident Rashidi Kawawa, die die Frauenvereinigung der Partei leitete. In dieser Funktion begleitete Baby Mawani Sofia Kawawa durch ganz Tansania und organisierte Zusammenkünfte und Versammlungen. «Die einzigen Regionen, die ich nicht besuchen konnte, waren Lindi, Ruvuma und Mtwara im Süden des Landes. Damals war meine ältere Schwester sehr krank und ich konnte sie nicht allein lassen, da die andere Schwester nach Kanada ausgewandert war. So nahm Frau Kawawa eine andere Sekretärin, und ich arbeitete wieder im Parteibüro. Aber ich konnte auch mit Ministerpräsident Kawawa und Staatspräsident Nyerere einige Reisen machen. Ich war in Uganda, in Ruanda, Burundi, England und im damaligen Jugoslawien. Als in den 1970er-Jahren die Reise nach Uganda bevorstand, wo Idi Amin seit 1971 an der Macht war, meinten meine Kollegen, ob ich nicht Angst hätte, zu gehen, Amin liebe die Asiaten nicht. Ich liess mich nicht abschrecken, und Idi Amin war freundlich zu mir. Bei einem Essen fragte er mich, weshalb ich mit Afrikanern zusammenarbeite, wir Asiaten liebten doch die Afrikaner nicht. Ich antwortete ihm, dass ich seit meiner Kindheit gerne mit Afrikanern zusammen sei, überhaupt liebe ich es, mit verschiedensten Menschen Kontakt zu haben, seien sie nun Afrikanerinnen, Inder oder Europäer.»

Baby Mawani hat auch die Zeit der sozialistischen Ujamaa-Dörfer in den 1960er-Jahren aus der Nähe miterlebt. Rückblickend meint sie: «Ujamaa war keine gute Idee für Tansania, es war hart für die Bevölkerung, die Leute liebten es nicht, mit anderen in diesen Ujamaa-Dörfern zusammengewürfelt zu werden. Sie waren auch nicht vorbereitet und nicht gebildet, es wäre viel mehr Zeit notwendig gewesen, sie auf diese neue Lebensweise vorzubereiten. Oft wurde ihnen kurzfristig befohlen, ihr Haus zu verlassen und in ein Ujamaa-Dorf zu ziehen. Es gab so viele Klagen! Jedes Dorf musste melden, wie viele Säcke Mais sie geerntet hatten und so weiter, aber es gab so viele Diebe! Es funktionierte nicht.»

Die letzten zehn Jahre ihrer Karriere war Baby Mawani Distriktskommissarin, von 1985 bis 1990 in Mpapwa in der Region Dodoma und danach bis Ende 1994 in Singida. Dieses politische Amt füllte sie vollkommen aus, umso mehr, als sie gleichzeitig das Parteibüro des Distrikts leitete. «Ich arbeitete sehr viel, aber die Arbeit gefiel mir, und ich empfand sie deshalb nicht als Last. Ich war oft unterwegs in den Dörfern und hatte engen Kontakt zur Bevölkerung, ich erfuhr viel von ihren Problemen. Ich hatte auch zu überprüfen, was in den Dörfern angepflanzt wurde, und die Erntemengen weiterzumelden. Bei Konflikten zwischen Dörfern oder mit dem Dorfvorsteher musste ich schlichten und nach Lösungen suchen.»

Die Jahre vergingen mit viel Arbeit, und Baby Mawani kam nicht dazu, eine eigene Familie zu gründen. «Die Zeit verflog, ich weiss nicht, wie! Ich hatte mehrere Heiratsanwärter, da kamen junge Männer aus der indischen ismaelitischen Gemeinschaft in Kanada, aber auch Männer von hier, ich erhielt mehrere Briefe mit Heiratsangeboten, einige davon habe ich immer noch irgendwo, aber ich lehnte ab, ich wollte meine Arbeit weiterführen. Ich antwortete ihnen, ich hätte zu arbeiten, und wenn ich die Arbeit beendet hätte, würde ich es sie wissen lassen. Aber dann wurde ich alt, jetzt bin ich sehr alt und ich glaube nicht, dass ich noch heiraten werde.»

Nach der Rückkehr ins Parteizentrum in Dodoma liess sich Baby Mawani pensionieren. Sie war erst fünfundvierzigjährig. «Ich war müde und ich musste für mein Alter vorsorgen, der Verdienst bei der Partei war gering. Das Haus hier, in dem ich immer noch lebe, hatte sich geleert, die Geschwister und ihre Kinder wanderten nach Kanada aus, nach Toronto, und ich blieb allein mit der kranken älteren Schwester zurück. Ich übernahm den Milchhandel und die Produktion der Kekse, der ‹pera maziwa›, von meinem Bruder und führte sie mit den langjährigen Angestellten weiter. Zeitweise lebten bis zu fünfundzwanzig Leute in diesem Haus, die Familien meiner Brüder, die in Chunya in den Goldminen arbeiteten, die Angestellten und immer wieder auch Waisenkinder, die nicht mit uns verwandt waren. Als ein Bruder seine Frau verlor, kam auch er hierher. Er trank zu viel, und wir mussten für ihn sorgen. Und jetzt sind nur noch wir zurückgeblieben. Ich und meine kranke Schwester, die kaum noch aufsteht, schlafen im oberen Stock, und die drei Angestellten schlafen auf diesem Stock. An den freien Tagen kehren sie zu ihren Familien zurück.»

Während unseres Gesprächs wurden wir immer wieder unterbrochen von Besuchern, von den Angestellten, die etwas brauchten, oder vom Telefon. Auch ein Strassenhändler kam ins Büro. Baby Mawani schaute die Seifen, Insektensprays und anderen Produkte interessiert an, fragte nach Preis, Herkunft und Nutzen und meinte dann freundlich: «sina pesa sasa – ich habe jetzt kein Geld.» Sie vertröstete ihn auf ein anderes Mal. Fast jedes Mal, wenn ich Baby Mawani besuche, gibt sie der Angestellten ein paar Münzen und beauftragt sie, im kleinen Restaurant gegenüber «sambusa» und frittierte Kugeln aus Bohnenmehl zu holen. Dazu gibt es Tee aus dem Thermoskrug. Bevor wir zugreifen, hält uns die Angestellte ein Becken hin und giesst aus einer Kanne heisses Wasser, damit wir unsere Hände waschen können, es ist eine schöne Teezeremonie in dieser eher ärmlichen Umgebung.

Bei einem meiner Besuche sitzt eine Frau im schneeweissen langen Kleid schlafend am Tisch in der Ecke, den Kopf auf die Arme gelegt. Wie sie aufwacht, stellt mir Baby Mawani die Frau als Mama Kassim vor. Diese wird plötzlich ganz munter. Sie kenne Mama Baby seit Jahrzehnten, erzählt sie fröhlich. «Sie brachte mir und meinen Kolleginnen bei, wie man Gemüse anpflanzt und wie man indische Spezialitäten zubereitet, wir kochten und assen zusammen ‹ugali› und ‹mlende›, Maisbrei und Maniokblättergemüse. Wir flickten auch die Strasse in unserem Dorf gemeinsam.» Beim Erzählen macht sie rhythmische Bewegungen, als würde sie hacken, und ich sehe die Frauengruppe vor mir, die Gemeinschaftsarbeit leistet. Die Erzählung gibt Baby Mawani den Anstoss, das lange versprochene Fotoalbum hervorzuholen, das in ihrem

Schlafraum im oberen Stock im Schrank liegt. Sie ergreift den Stock, steigt mühsam die Treppe hoch und kommt erst nach etwa zehn Minuten wieder zurück, weil sich der Schrank nur schwer öffnen liess. Wir blättern durch die Alben und finden bald ein Bild von der Frauengruppe, zu der Mama Kassim gehörte und die Mama Baby in ihrer Zeit als Parteifunktionärin betreute. Das verblichene Foto aus den 1960er-Jahren zeigt die Übergabe einer Nähmaschine an die Frauengruppe; auch Nähkurse gehörten zu den Aktivitäten. Einige Frauen auf dem Bild sind traditionell gekleidet, ein «kanga» um die Hüfte und eines um den Kopf, andere tragen für die damalige Zeit moderne Kleider aus dem Westen, die nur bis zum Knie reichen.

Weitere Fotos zeigen die noch junge Baby Mawani mit Sofia Kawawa, der Präsidentin der nationalen Frauenorganisation, mit Ministern und Parlamentariern oder am Flughafen von Dodoma, wo sie Palästinenserführer Arafat abholte, aber auch den Aga Khan, den geistigen Führer der Ismaeliten, und viele weitere Persönlichkeiten. Auf vielen Aufnahmen ist Baby Mawani in ihrer Funktion als Distriktskommissarin zu sehen, am Mikrofon und bei Empfängen. «Ich hatte am Anfang eine solche Angst, wenn ich eine Rede halten musste.» Gerührt sagt sie ein übers andere Mal: «Ich war so jung!» Tatsächlich war sie erst sechsunddreissig, als sie den Posten als Distriktskommissarin in Mpapwa übernahm. Die Fotos im zerschlissenen Album lagen jahrelang unberührt im Schrank, auch für Baby Mawani ist es ein Blick in eine vergangene Welt.

Baby Mawani kannte bessere Zeiten, heute führt sie ein karges Leben. Aber sie hat Stil bewahrt, sie pflegt sich, färbt die inzwischen grauen Haare dunkel und zieht sich gut an mit weit geschnittenen Kleidern, meist aus mehrfarbigen, batikbedruckten Baumwollstoffen. Nach wie vor suchen viele Menschen ihre Hilfe, und sie schlägt kaum je eine Bitte ab. Sie beherbergt monatelang eine depressive Freundin, sie hilft der lokalen Rotkreuz-Sektion bei der Spendensuche. Geld kann sie keines geben, es fehlt ihr selbst an allen Ecken und Enden, aber sie nutzt ihre Kontakte und Kenntnisse für andere. So kommt eine gelähmte Frau wieder zu einem handbetriebenen Dreiradrollstuhl, nachdem ihr der alte aus dem Hauskorridor gestohlen worden war. Eine Nachbarin erhält mit ihrer Hilfe einen Schulplatz für ihr Kind. Ein junger Mann kann die Uni besuchen, weil sie einen Spender für ihn findet. Die Kette der Hilfesuchenden reisst nicht ab, und wer zur Teezeit kommt, erhält immer auch eine Tasse Tee und etwas zum Knabbern, wenn etwas vorhanden ist.

Eines Tages liegt auf dem kleinen Tischlein eine Beige von Formularen zum Ausfüllen, es ist der Antrag für die Pension. Baby Mawany müht sich mit all den Fragen und dem Kleingedruckten ab und hofft, doch noch zu ihrer Pension zu kommen. Drei Wochen später erzählt sie mir strahlend, dass ihre Bemühungen endlich erfolgreich waren: Ab dem kommenden Monat wird sie ihre Pension erhalten, magere fünfzigtausend tansanische Schilling pro Monat, etwa die Hälfte des Lohnes eines Wächters. «In den letzten Jahren, seit ich bei der Partei demissionierte, hatten meine Schwester und ich manchmal zwei Tage nichts zu essen, es ging uns oft schlecht, aber niemand von der Partei oder der Kirche kümmerte sich darum, wie es mir geht. Ich habe mich während meiner ganzen Karriere bemüht, anderen Menschen zu helfen. Die Leute sagten mir damals oft, so würde ich nie reich werden! Nun, das ist mein Leben.» Sie lächelt ohne Bitterkeit.

Tansania

Staatsname	Vereinigte Republik Tansania
Politisches System	Föderative Präsidialrepublik, Einkammerparlament
Fläche	ca. 945 000 km^2
Bevölkerung	43,7 Mio. (Schätzung US-Regierung 2009)
Dodoma, Hauptstadt	Ca. 300 000 EinwohnerInnen
Dar es Salaam, Wirtschaftsmetropole	Ca. 3 Mio. EinwohnerInnen
Landessprache (seit 1963)	Kiswahili
Bildungs- und Verkehrssprache	Englisch
Religionen	Je ca. ⅓ Christen, Muslime und Anhänger von Naturreligionen
Lebenserwartung	Frauen 56 Jahre / Männer 55 Jahre (Schätzung US-Regierung 2009)
Geldeinheit	Tansanischer Schilling, 1000 Tsh = ca. 0,9 CHF
Wichtigste Exportprodukte	Kaffee, Gewürznelken, Baumwolle, Tee, Cashewnüsse, Sisal, Tabak, Mineralien (Gold, Diamanten, Nickel)

Neuere Geschichte

1890–1918	Tanganyika gehört mit Ruanda und Burundi zum Kolonialgebiet von «Deutsch-Ostafrika».
1918–1961	Tanganyika ist britische Kolonie. Ab 1922 verwaltet Grossbritannien Tanganyika als Mandat des Völkerbundes.
1939–1945	Etwa 80 000 Einwohner Tanganyikas dienen in der britischen Armee im Krieg in Äthiopien, Somalia, Madagaskar und Burma.
1954	Gründung der TANU-Unabhängigkeitspartei (Tanganyika African National Union) unter dem Vorsitz von Julius Kambarage Nyerere.
1960	Wahlen unter britischem Mandat.
1.5.1961	Der britische Gouverneur Richard Turnbull ernennt Julius Nyerere zum Ministerpräsidenten.
9.12.1961	Tanganyika wird unabhängig.
Jan. 1962	Nyerere tritt als Ministerpräsident zurück und widmet sich voll dem Vorsitz der TANU. Ministerpräsident wird Rashidi Kawawa.

9.12.1962	Julius Nyerere wird zum Präsidenten der Republik Tanganyika gewählt. Von 1963–1972 wird der Posten des Ministerpräsidenten aufgehoben.
10.12.1963	Sansibar wird unabhängig.
26.4.1964	Tanganyika und Sansibar vereinigen sich zur Vereinigten Republik Tansania. Präsident wird Julius Nyerere.
1965	Die TANU beschliesst das Einparteiensystem.
1967	Arusha-Deklaration. Tansania baut das sozialistische System auf. Die Bevölkerung soll sich freiwillig in Dorfgemeinschaften (Ujamaa-Dörfer) organisieren. Ab 1974 gibt es auch Zwangsumsiedlungen. Nationalisierung europäischer Plantagen, Banken, Versicherungen, grosser Industrie- und Handelsbetriebe.
1971/72	Erster Uganda-Krieg: Idi Amin stürzt Milton Obote. Tansania verweigert der Amin-Regierung die Anerkennung und gewährt Obote Asyl. Uganda greift Tansania an. Waffenstillstand im Oktober 1972.
1972–1977	Rashidi Kawawa ist Ministerpräsident im wieder eingeführten Amt.
1973	Die Regierung beschliesst, ihren Sitz innerhalb von zehn Jahren von Dar es Salaam nach Dodoma zu verlegen. Dodoma wird offizielle Hauptstadt von Tansania.
1977	Die TANU wird zur Einheitspartei Chama Cha Mapinduzi (CCM, Revolutionspartei) unter dem Vorsitz von Nyerere.
1978/79	Zweiter Uganda-Krieg: Wegen der Nicht-Anerkennung seiner Regierung besetzt Uganda den Norden von Tansania. Erfolgreicher Gegenschlag von Tansania. Idi Amin flüchtet. Der Krieg bedeutet für die tansanische Staatskasse den Bankrott.
1985	Julius Nyerere Tritt als Staatspräsident zurück. Er bleibt CCM-Vorsitzender bis 1990. Ali Hassan Mwiny wird neuer Staatspräsident.
1986	Der tansanische Sozialismus ist gescheitert. Tansania stimmt Bedingungen des Internationalen Währungsfonds zu. Liberalisierung der Wirtschaft. Privatisierung öffentlicher Kooperativen.
1992	Wiedereinführung des Mehrparteiensystems.
1995	Erste demokratische Wahlen. Staatspräsident wird Benjamin Mkapa (CCM).
14.10.1999	Julius Kambarage Nyerere stirbt 77-jährig.
2000	Wiederwahl von Benjamin Mkapa (CCM) als Präsident.
2005	Wahl von Jakaya Kikwete (CCM) zum Präsidenten.
2010	Wiederwahl von Jakaya Kikwete als Präsident.

Die Schweiz und Tansania

Die schweizerische Entwicklungszusammenarbeit ist seit gut vierzig Jahren in Tansania tätig, und seit mehreren Jahren gehört Tansania zu den Schwerpunktländern der Direktion für Entwicklung und Zusammenarbeit (DEZA). 1981 wurde in Dar es Salaam ein Kooperationsbüro eröffnet. Die Schweizerischen Botschaft in Tansania vertritt heute sowohl die DEZA wie das Staatssekretariat für Wirtschaft (SECO). Hauptziele der Schweizer Zusammenarbeit mit Tansania sind die Bekämpfung der Armut und die Verbesserung der Lebensbedingungen der Menschen. Das Programm konzentriert sich auf folgende Bereiche: gute Regierungsführung, wirtschaftliche Entwicklung und soziales und physisches Wohlergehen. Im Jahr 2010 engagierte sich der Bund mit insgesamt 20,6 Mio. CHF in Tansania. (Quellen: www.deza.admin.ch, www.swiss-cooperation. admin.ch)

Dank

Ganz herzlich danke ich den Interviewpartnerinnen und -partnern, die mit grossem Entgegenkommen aus ihrem Leben erzählt haben, ohne die Stunden zu zählen. Giovanna Moretti danke ich für ihr kompetentes Übersetzen bei den Gesprächen sowie den Fotografen Didier Deriaz und Jean-Pierre Kaba. Ohne sie namentlich zu erwähnen, möchte ich allen Freundinnen, Freunden und Angehörigen danken, die mich während des langen Entstehungsprozesses unterstützt und ermutigt haben.

Autorin

Elisabeth Kaestli, geboren 1945 in Frutigen BE, aufgewachsen in Biel / Bienne. Dolmetscherstudium in Genf und Triest. Ab 1973 als Journalistin für die Schweizerische Depeschenagentur, «Tages-Anzeiger», Radio DRS und weitere Medien tätig. Seit 2000 freischaffende Journalistin und Autorin. Von 2006 bis 2010 wohnhaft in Dodoma (Tansania), seit Frühjahr 2010 in Pristina (Kosovo).

Im Limmat Verlag sind erschienen: «Frauen in Kosova. Lebensgeschichten aus Krieg und Wiederaufbau», «Gräben und Brücken. Freundschaften vor und nach den Kriegen im Balkan. 16 Porträts» und «Vom Mont Soleil zur Blüemlisalp. Bernerinnen erzählen», für das sie mit dem Trudy-Schlatter-Preis 2008 ausgezeichnet wurde.

Bildnachweis

Die Fotos auf S. 6/7, 8/9, 60, 74, 109, 178, 192, 212/213 und 220 sind von Jean-Pierre Kaba. Auf S. 122 und 210/211 von Didier Deriaz/Archivesud. Auf S. 216/217 von Valentin Conrad. Die übrigen Fotos sind von Elisabeth Kaestli (S. 1, 2/3, 4/5, 18, 34, 45, 100, 137, 148, 166, 208/209, 214/215, 218/219).

Über den Baobab, auch Affenbrotbaum genannt, gibt es verschiedene Legenden. Eine besagt, er habe sich gewünscht, so gross zu werden wie eine Palme. Darauf wünschte er sich so schöne Blüten wie der karminrot blühende Flamboyant. Schliesslich wollte er auch noch wohlschmeckende Früchte wie der Feigenbaum. Da wurden die Götter wütend über den unersättlichen Baobab, rissen ihn aus und steckten ihn kopfüber in die Erde,

mit den Wurzeln in der Luft, damit er sich still halte. – Der Baobab kann
achthundert Jahre, manchmal auch älter werden und der Stamm kann
einen Durchmesser bis fünf Meter erreichen. Früchte, Samen, Blätter und
Holzfasern werden für Medizin und Nahrung verwendet. Als Bau- und
Brennholz ist der Stamm jedoch zu elastisch und das Holz verrottet rasch,
deshalb wird er nicht abgeholzt.

Jeden Freitag ist grosser Markt in Kigwe. Die Händler breiten ihre Ware auf Tüchern, einfachen Marktständen oder direkt auf der rostbraunen Erde aus. Die Käufer kommen zum Teil von weit her zu Fuss, und von Sonnenaufgang bis Sonnenuntergang wird gehandelt und parliert. Hier auf dem Dorfmarkt gibt es Schuhe aus alten Autoreifen für jede Fussgrösse zu kaufen. Heutzutage machen jedoch Flip-Flop-Sandalen aus China in leuchtenden Farben den schwarzen, handgemachten Sandalen Konkurrenz.

Im Dorf Mahoma Makulu besuchen wir mit Mussa Motto das Haus, in dem er mit neun Geschwistern aufgewachsen ist. Jetzt lebt sein ältester Sohn mit seiner Familie hier. Es ist Sonntag, und Nachbarn sind zu Besuch. Neugierig, halb schüchtern, halb herausfordernd beobachten die Kinder uns Weisse. Die Lehmhütte ist an das kleine Wohnhaus angebaut und dient als Vorratsraum, Werkstatt, Ziegen- und Hühnerstall.

Schneiderin Filippa hat ihren Arbeitsplatz auf dem Trottoir in einer staubigen Nebenstrasse im Zentrum von Dodoma. Alle paar Monate bringe ich
ihr ein «kitenge», einen der farbigen Baumwollstoffe, die es in immer wieder neuen Farben und Mustern für wenig Geld zu kaufen gibt, und sie näht
mir innerhalb von zwei drei Tagen eine Bluse oder einen weiten Rock. Für
ihre einheimische Kundschaft und für sich selbst näht Filippa eng anlie-
gende, lange Kleider, in denen sich die Frauen mit Grazie bewegen.

Wir sind schon stundenlang auf der über vierhundert Kilometer langen
Landstrasse von Arusha nach Dodoma unterwegs, müde von den Schlag-
löchern, der Hitze und dem Staub. Da taucht hinter einer Kurve unvermittelt ein völlig überladener blauer Lastwagen auf. Was, wenn er abrupt bremsen muss? Ans abfallende Strassenbord gedrängt – in Tansania herrscht
Linksverkehr – lassen wir mit angehaltenem Atem die gefährliche Fuhre
haarscharf an uns vorbeifahren.

Dort wo links und rechts der Hautpstrasse Morogoro–Dodoma die Wei-
den der riesigen staatlichen Kongwa Ranch sind, verlangsamen ein paar
Sandhaufen quer über die Fahrbahn abrupt das Tempo der Fahrzeuge. Im
Gegenlicht taucht plötzlich eine Herde von Zeburindern vor uns auf.
Geblendet von der untergehenden Sonne sehen wir zunächst nur eine
Staubwolke, in der sich beim Näherkommen die Silhouetten der Rinder

abzeichnen. Massai-Hirten in bunt karierten Tüchern treiben die Herde
zum Wasserloch auf der anderen Strassenseite.

Die Tomatenverkäuferin kommt aus einem Dorf in der Umgebung von Dodoma. Schon vor Sonnenaufgang ist sie munter schwatzend mit anderen Frauen mit einem Becken voller Tomaten auf dem Kopf an unserem Haus vorbei Richtung Zentrum gegangen. An ihrem Stammplatz in einer Nebenstrasse setzt sie sich an den Strassenrand und häuft die Tomaten ruhig zu kleinen Häufchen, zu «fungu», die sie für je zwei-, dreihundert Tansanische Schilling verkauft.